创业者的窘境
THE FOUNDER'S DILEMMAS

[美] Noam Wasserman 著
七印部落 译

华中科技大学出版社
中国·武汉

图书在版编目(CIP)数据

创业者的窘境/(美)诺姆·沃瑟曼(Noam Wasserman)著;七印部落译. —武汉:华中科技大学出版社,2017.11(2022.2重印)
 ISBN 978-7-5680-3465-4

Ⅰ.①创… Ⅱ.①诺… ②七… Ⅲ.①创业-研究 Ⅳ.①F241.4

中国版本图书馆 CIP 数据核字(2017)第 266172 号

Original English Language Edition Copyright © 2012 by Princeton University Press.
The Chinese Translation Edition Copyright © 2017 by Huazhong University of Science and Technology Press.
湖北省版权局著作权合同登记　图字:17-2017-339 号

创业者的窘境
Chuangyezhe de Jiong jing

[美]Noam Wasserman 著
七印部落 译

策划编辑:徐定翔	
责任编辑:徐定翔	
责任监印:周治超	
出版发行:华中科技大学出版社(中国·武汉)	电话:(027)81321913
武汉市东湖新技术开发区华工科技园	邮编:430223
录　　排:华中科技大学惠友文印中心	
印　　刷:湖北新华印务有限公司	
开　　本:880mm×1230mm　1/32	
印　　张:10.375	
字　　数:210 千字	
版　　次:2022 年 2 月第 1 版第 4 次印刷	
定　　价:52.80 元	

本书若有印装质量问题,请向出版社营销中心调换
全国免费服务热线:400-6679-118　竭诚为您服务
版权所有　侵权必究

目 录
Table of Contents

第 1 章 概述 1
  基本概念与观点 4
  财富与权力 10
  难解的疑惑 13
  调查对象 15
  重点案例 17

第一部分 创业前期 27
第 2 章 该不该创业 29
  我是否该创业 32
  何时开始创业 39
  如何冷静评估创意 55
  乐观与激情 57
  小结 58

第二部分　创业团队的窘境 69

第 3 章　独自创业还是与人合伙 71
独自创业 72
与人合伙 74
合伙创业的风险 77
环境因素 78
合伙人的头衔 79
小结 80

第 4 章　团队关系 85
同质化与多样化 87
创始人与合伙人的关系 93

第 5 章　角色划分与决策 107
谁想要 CEO 的头衔 108
谁会得到 CEO 的头衔 110
角色交叉与明确分工 112
决策方式 116
关于董事会成员 118
动机与角色分配 121
小结 123

第 6 章　股权分配与现金补偿 127
股权分配的"战争" 127

何时分配股权 129
　　分配股权的依据 131
　　是否平均分配 138
　　股权分配协议 144
　　现金补偿 152
　　小结 156
第 7 章　3R 问题 161
　　关系对角色的影响 162
　　关系对报酬的影响 167
　　角色对报酬的影响 168
　　小结 169

第三部分　员工与投资人 171
第 8 章　招聘窘境 173
　　关系 176
　　角色 181
　　报酬 192
　　小结 202
第 9 章　投资人 207
　　引入投资人 209
　　自筹资金 210

投资人的作用 212
　　亲友的钱 214
　　天使投资人 218
　　风险投资人 221
　　创业者的抉择 237
　　小结 239

第 10 章　CEO 的更替 245
　　更换 CEO 248
　　寻找继任者 255
　　继任之后 257
　　小结 263

第四部分　结论 267

第 11 章　财富与权力 269
　　窘境的根源 270
　　好结果与糟结果 279
　　提高胜算 282
　　被收购与上市 285
　　难解的疑惑 291
　　后续研究建议 293
　　小结 296

附录 A	思维实验	301
附录 B	创业决策模型	305
附录 C	调研数据	307
附录 D	主要调研对象	317

翻译审校名单 324

第 1 章
概述
Introduction

事实总是让人心寒：如果把创业比喻成一场又一场战役，那么你会发现多数伤亡是将士自残和友军误伤造成的。大约四十多年前，社会学家亚瑟·斯汀康比（Arthur Stinchcombe）就指出，创业团队的内部问题是导致创业失败率居高不下的主要原因。有一项调查表明，风险投资人认为65%的投资失败与创业公司的管理团队有关[1]。另一项研究要求投资人指出其投资的公司有可能存在的问题，结果有61%的回答指向团队内部问题[2]。

针对斯汀康比指出的创业失败率居高不下的现象，学术界开展了大量的研究。遗憾的是，他们大多只关注外因，而忽略了斯汀康比指出的内因*。创业被视为社会经济发展的核心与灵魂，然而我们对导致其失败的原因却知之甚少。正如研究者阿马尔·拜得（Amar Bhide）所言："对于创办新企业的人，我们歌颂得多，研究得太少[3]。"

本书着眼于困扰所有创业者及其公司的内部问题，这些问题有着强烈的共性，是任何公司都无法回避的，我称之为"创业者的窘境"。比如，创业团队成员常常为了争夺公司的控制权或为了争取个人利益产生纠纷。创始人应该如何分配财富与管理权才能做到去弊存益呢？创业之初的选择会给公司未来的发展造成重大的影响[4]，但是创始人往往由于头脑发热、意气用事或碍于情面而做出短视的决定。

我用了十多年时间研究这个课题，收集并分析了近万名创业者的创业数据。这些数据大多来自 IT 产业和生物技术产业。除了分析这些数据，我还跟踪记录了上百位创业者的创业过程，研究他们遇到的各种问题。我对 Twitter 的创始人埃文·威廉姆斯（Evan Williams）的创业经历特别感兴趣。20 世纪 90 年代初期，年轻的埃文从内布拉斯加只身来到旧金山创业。为了

---

* 斯汀康比在其 1965 年仅两页的经典论文中指出，创业失败与三个内在因素和一个外在因素有关。三个内在因素是：团队成员的关系、角色定位，以及利益分配。一个外在因素是：团队与潜在供应商、潜在客户以及其他社会资源的关系。历来研究外在因素者众，研究内在因素者寡。

赶上互联网泡沫的末班车，埃文自学了 Web 设计和软件编程。他很快就发现了互联网自助出版（self-publishing）的潜力，并开发了最早的博客网站 Blogger。后来他又开发了最早的播客（podcasting）网站 Odeo，帮助普通大众制作、分享音频资料。

在创办几家公司的过程中，埃文时时面临着两难的抉择。事实证明，他的每一次选择都深深地影响着公司未来的发展以及他本人对公司的控制权。Blogger 是埃文和前女友一起创办的，后来两人为了争夺 CEO 的位置和公司股权经常起争执。

埃文的创业资金由三部分构成：他自己的钱、他向亲友借的钱，以及一部分天使投资（当时他刻意回避风险投资）。网站是他和朋友一块开发的，节省了不少成本。互联网泡沫破灭后，Blogger 资金紧张，几乎难以为继。有人提议收购 Blogger，但是遭到了埃文拒绝。这个决定导致他的前女友兼合伙人离他而去，员工纷纷离职。埃文不得不四处寻求捐助，才让 Blogger 勉强维持下来。

埃文最终把 Blogger 出售给了 Google。他用出售 Blogger 获得的部分资金创办了 Odeo。这一次，他选择与一位刚结识的工程师合伙。起先，他让对方担任 CEO，但是当他发现播客的巨大潜力后，他收回了 CEO 的职位。为了赶在竞争对手（苹果和雅虎）之前推出 Odeo，埃文开始寻找风险投资，最后获得了

500万美元的风险投资。他用这笔钱高薪聘请了经验丰富的管理团队。同时，风险投资公司也开始参与Odeo的重大决策。

我之所以对埃文的经历特别感兴趣，是因为他在创办Blogger与Odeo时选择了截然不同的方式。他的这些选择很具有代表性。埃文的决定显得前后矛盾：第一次他拒绝风险投资，第二次却主动向风险投资示好；第一次他尽量节省开发成本，几乎表现得一毛不拔，第二次却出手阔绰，高薪聘请职业经理人；第一次他为了争夺CEO的职位和自己的女友闹得不可开交，最终把她撵出了公司，第二次他却轻易地让刚结识的人担任CEO。但是随着我们分析埃文的经历，读者就会认识到这些决定背后的原因。

基本概念与观点

由于创业方式本身具有多样性，加上以往的研究者总是从不同的角度，使用不同的理论研究不同的对象，所以很难得出一致性的研究成果。本书将尝试从创业者所面临的一系列选择中寻找出普遍的规律。这些选择是每位创业者都无法回避的，从"要不要创业"开始，直到"是否离开自己创办的公司"为止。

在正式开始之前，我必须澄清一些基本概念和观点。我要讨论的是具有高发展潜力的创业公司，也就是说，这些公司（通常是科技公司）有潜力发展壮大，产生巨大的经济效益。在必要时，我会指出具有高发展潜力的创业公司与一般的、自营的小本生意之间的区别*。

创业者指的是创办新企业的人，而"不管他们目前掌握了多少资源[5]。"他们做出的选择决定了公司未来发展的方向和规模，有些选择甚至在公司成立之前就已经开始产生影响。本书的主要观点是，创业者绝不能随意地做出选择，他们必须清楚自己有哪些选项，不同的选项将来可能带来什么样的后果。通常，"正确"的选择并非显而易见，有时甚至与直觉相反。最普通的决定——比如与朋友合伙创业、合伙人之间平分股份等——其实都存在隐患。创业者往往不假思索地做出选择，事后却后悔当初的决定过于草率。

这些选择通常与人有关。每当有新成员加入公司时，创始人就要考虑其角色定位、利益分配的问题。这些选择将会影响团队的稳定性、创始人对公司的控制权，以及公司的经济效益。本书将按照新成员加入公司的顺序，逐一分析创业者有可能面临的选择，先从创始人自己开始，然后是合伙人、资深员工，最后是投资人。书中涵盖的选择问题可做以下分类。

---

* 虽然创办具有高潜力的公司与做小本生意有某些相同之处，但是两者有着不同的本质。

1. 创业前的选择

    我应该选择何时开始创业？如果我有一个好点子，但还没有足够的工作经验，或者市场还不成熟，或者其他个人条件还不具备，我应不应该不顾一切地开始创业？

2. 创业团队的选择

    a. 是独自创业还是与人合伙？

    b. 找谁当合伙人（家人、朋友、同事、陌生人）？

    c. 每个团队成员担任什么角色？哪些事情可以各自决定，哪些事情应该由团队共同决定？如何做出决定？

    d. 如何分配股份和其他收益？

3. 其他选择

    a. 应该招聘什么样的人？随着公司的发展，老员工会面临哪些问题？老员工与新员工的待遇是否应该有区别？

    b. 应该选择哪种类型的投资？不同的投资会带哪些问题？

    c. 如何加强创始人自己对公司的控制？如果创始人被职业经理人替代，对创始人和公司会造成什么影响？

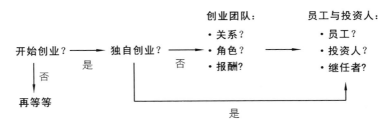

图 1.1　创业者面临的选择

图 1.1 概括性地展示了创业者有可能面临的各种选择。当然，由于创业过程通常是混乱和非线性的 [6]，加上创业者常常不按常规出牌 [7]，所以这些选择实际出现的顺序可能与图 1.1 不同。比如，有些创业者首先想到一个好点子，然后才考虑是独自创业还是与人合伙。Pandora Radio 的创始人蒂姆·韦斯特格伦（Tim Westergren）就属于这种"先有创意再有团队"的情况。而另一些人先决定一起创业，然后才想点子，比如 Circles 的创始人珍妮特·克劳斯（Janet Kraus）和凯茜·谢布鲁克（Kathy Sherbrooke）的经历就属于这种"先有团队再有创意"的情况。她俩相识于斯坦福大学商学院，在那里形成了亲密的合作关系。两人先决定一起创业，然后才想出为企业提供礼宾服务的主意。考虑到这种顺序上的差异，本书的内容组织同时照顾了两种需求，读者既可以按顺序阅读本书，也可以直接跳到感兴趣的章节阅读。

没有经验的创业者在第一次面对这些选择时，往往显得不知所措。有两种原因导致他们做出不理智的决定。

不清楚仓促决定的后果

回避困难的决定是人的天性，创业者也不例外。比如，大多数创业者会尽量回避与合伙人发生冲突，为了维持与对方的私人关系而做出简单而仓促的决定。这样做虽然可以暂时回避眼前的困难，但却有可能为将来埋下隐患。我们不妨这样假设，你开了一家公司，然后让你哥哥担任财务总监（我的一位研究对象就是这样做的）。后来你发现哥哥不擅长管理财务，你该怎么办？这是一个非常让人头痛的问题。有些人把合伙创业比喻成一场婚姻，两者确实有相似之处（比如都要求参与者全身心投入），但是又不完全相同。如果婚前就计划好如何分手，那么婚姻的质量肯定不高，而创业却恰恰相反，不事先做好分手的准备很可能给你带来致命的打击。

仓促的决定往往带有这样的特点：事后补救起来非常困难。有些决定带有不可逆转性，一旦你选择了一条道路，以后就无法再选择其他道路了。本书将向读者展示那些代价最高的、最应该避免犯的错误，并且给出补救的办法。

创业者常常把创业过程比喻成"由一系列百米冲刺组成的马拉松比赛"。每次百米冲刺，创业者都要做出影响深远的决策。除非你熟悉整场比赛的路线，否则你很容易因为判断失误而偏离跑道，甚至彻底退出比赛。

盲目乐观、轻信直觉

创业者常常为自己突出的个人素质（乐观、热情、勇于行动等）感到自豪。这些确实是创业者必备的素质，但是我们同时发现很多乐观、热情、勇于行动的创业者却把自己的公司引入了歧途。

以乐观为例，过分自信和乐观的创业者常常邀请家人和朋友合伙创业，这样做不但会影响公司的稳定，而且将来还可能影响他们的私人关系。过分乐观的创业者会高估自己公司的实力[8]，而低估竞争对手的威胁；高估自己的能力和知识水平[9]，而低估问题的严重性。由于准备不足，他们创业失败的可能性会大幅上升[10]。在面对困难的选择时，过于自信还会让创业者不屑于探索其他可能的途径，导致他们无法做出必要的调整[11]。此外，复杂的工作环境（比如被各种模棱两可的信息包围）可能导致创业者出现认知偏差（cognitive bias），从而表现得更加盲目自信[12]。因为在这种缺少可靠依据的情况下，人们更愿意凭直觉行事。

创业者必须克服自身的弱点（盲目乐观、轻信直觉）。如果你期待得到最好的结果，就必须先做好最坏的打算。有策略地做出选择，而不能仅凭直觉行事。

由于以上的原因，创业者往往会做出不合适的决定。本书将尽量列举出创业者面对某个问题时有哪些可能的选择，以及我的研究对象是如何选择的，最后给出我的建议。

财富与权力

阐述完基本概念和观点后，我们不妨具体分析一下所有窘境里最让创业者头痛的一个问题。创业者都羡慕像比尔·盖茨这样自己创建公司，并且能够始终控制公司的企业家，他不仅是世界上最富有的人之一，而且是令人畏惧的CEO。但是像盖茨这样既收获财富又牢牢控制公司的企业家并不多。实际上，创业过程中的许多决定都要求创业者在财富与公司控制权之间做出取舍。埃文在创办Blogger和Odeo时的每一个决定都面临着这种取舍，他前后两次创业做出的不同选择带来了完全不同的结果。

对财富的渴望和对公司控制权的追求就像鱼肉与熊掌一样往往不能兼得。出现这种矛盾的主要原因是创业者必须吸引外部资源[13]——人力、信息、资金——才能让公司创造效益[14]，而这要求创业者用财富和控制权作为交换条件。

那么创业者如何才能做出最佳选择呢?关键是他们要清楚自己的创业动机是什么。

最常见的两个创业动机正是积累财富和控制公司[15]。考夫曼基金会(Kauffman Foundation)曾调查过 549 位美国科技创业者,75%的创业者表示积累财富是他们创业的主要动机,64%的创业者表示积累财富和控制公司同样重要[16]。创业动态跟踪研究项目组(Panel Study of Entrepreneurial Dynamics)也曾调查 1214 位创业者,了解他们的创业动机,结果发现排在前六位的动机都与积累财富和控制公司有关[17]。CareerLeader 研究组的调查也显示了类似的结果,他们在全球调查了 2000 多位创业者,发现最主要的创业动机都与积累财富和控制公司有关。虽然其他动机(比如挑战自我、出人头地、回报社会等)也频繁出现,但都排在积累财富和控制公司之后。

只有了解自己更希望得到什么(究竟是财富还是权力),创业者才能有针对性地做出选择,也才能更容易地做出前后一致的决定。本书的第二部分和第三部分会重点分析如何在财富与权力之间做出选择(见表 1.1)。当然,创业的目的和动机有时会发生变化,我们还会分析有哪些因素可能引起这种变化,以及它们对创业的影响。

表 1.1 选择财富或权力

参与者	决策内容	增加财富的选择	维护权力的选择
创业伙伴	是否与人合伙	组建创业团队,吸引优秀人才	独自创业,或者寻找副手
	与合伙人的关系	物色互补型人才,建立紧密合作关系	从亲友中挑选合伙人
	权力分配	允许合伙人在自己擅长的领域做决策	建立管理等级,严格控制决策权
	股份分配	分享股权,吸引和激励合伙人	控制大部分股份
雇员	关系	从陌生人中挑选优秀人才	聘用亲友
	权力分配	决策权下放	严格控制决策权
	报酬	高薪聘请经验丰富的人才	低薪招聘缺少经验的新人
投资人	是否寻求投资	寻求外部投资	用自己的钱创业
	资金来源	天使投资或风险投资	向亲友借钱或举债
	条件	为了争取到优秀投资人,愿意商量任何条件(包括出让控股权)	拒绝接受投资人的条件

参与者	决策内容	增加财富的选择	维护权力的选择
	董事会成员	为了争取到优秀投资人,愿意放弃对董事会的控制权	避免建立正式的董事会,或者严格控制董事会人选
继任者	是否让贤	让能力更强的人接替自己担任CEO	拒绝让其他人担任CEO
	何去何从	创始人继续在能够发挥自己特长的管理岗位上工作	被迫放弃CEO职位后,创始人通常会离开公司
其他	公司发展速度	快速扩张	稳步发展
	资本密集度	高	低
	创业团队的核心资源	资源相对充足,足够支撑创业	资源相对不足,需设法解决

难解的疑惑

检验一种新理论或模型关键要看它能否解释某些难解的疑惑。本书将向读者解释两种令人费解的现象,它们分别是"创业者不一定能赚大钱"和"公司创始人在公司里并不像我们想象的那么有权威"。

大多数经济学家都认为创业者更容易致富。一位研究者指出"创业者实现利润最大化的目标是经济学理论中最基本的假设[18]。"另一项近期的研究也支持类似的观点,即创业者希望通过创办高价值的企业积累个人财富[19],很多高科技公司的创始人相信创业要比替人打工更容易致富[20]。

如果创业者真的相信这种观点,那么他们就大错特错了。平均来看,创业并不比投资股票挣得多——从风险收益的角度看甚至更少[21]。最近的一项创业调查研究指出,让不擅长规避风险、存款有限的普通人变成创业者的理由完全说不通[22]。另一项研究表明,与普通就业者相比,创业者最初几年的收入水平和收入增长速度都明显偏低[23]。总体来看,创业者创业头十年内的收入要比替人打工的收入少35%[24]。该项研究的参与者因此感到疑惑,如果创业不一定能赚大钱,为什么有这么多高智商的人选择创业呢[25]?本书将尝试回答这个问题,我将在第11章给出综合性的答案。

再来看权力的问题。学术研究一直假设公司的创始人——想出创业点子并且整合人力与资源的人——是创业公司内的强权者*。受人尊敬的创始人难道不该是这样的吗[26]?然而,事实又一次否定了这种假设。我的研究数据显示大多数公司的创始

---

* 例如,Sydney Finkelstein 教授就认为创始人不仅是公司里的强权者,他们还在与董事会长期打交道的过程中逐渐影响董事会的决策,甚至与创始人关系亲密的人也往往具有更大的权力。

人都在不情愿的情况下被职业经理人所取代。公众所熟悉的创始人兼 CEO，如比尔·盖茨、理查德·布兰森、安妮塔·罗迪克和迈克·戴尔实际上是极少数的特例。更常见的情况是公司创始人早在公司引起公众注意之前就被撵走了。如何解释这种现象呢？另外，为什么大多数创始人被迫离开公司时得到的补偿比普通员工得到的还要少[27]？这些看上去令人疑惑的问题同样将在第 11 章揭晓答案。

学术界向来认为财富与权力是相辅相成的，赖特·米尔斯（Wright Mills）就曾在他的著作《权力精英》（Power Elite）中指出，企业高层管理人员的权力与财富相互促进，权力是财富的来源，同时财富又巩固了权力[28]。然而，我的研究结果表明，财富和权力对创业者而言不但没有联系，而且相互冲突。只有极少数公司创始人能同时获得财富与权力，大多数人只居其一，有些人甚至一无所获。本书将解释为什么会出现这种令人沮丧的现象。

调查对象

为了充分展示创业者所面临的各种选择及其后果，本书采用了数据分析与案例讲解相结合的办法。由于找不到创业方面的现成数据，我决定自己收集数据。从 2000 年到 2009 年，我连续十年在全美范围内开展调查工作。我走访了 3607 家创业公司，调查了 9900 名创业者和 19000 名公司管理者。我建立了独一无二的数据库。这些数据为本书提供了有力的支持。附录 C 记录了我的调研方法和调研范围。

我的调查主要集中在 IT 行业和生物技术产业。与其他行业相比，这两个领域的创业公司无论是资金规模还是雇员人数都占有明显的优势。从 2000 年到 2009 年，在美国首次公开发行股份（IPO）的公司有 48%来自以上两个领域，而其他行业单独所占比例均不超过 12%[29]。在这十年间，这两个领域的创业公司吸引了 74%的天使投资[30]，以及 71%的风险投资[31]。虽然科技含量较低的小本生意在数量上仍占有优势，但是它们的雇员人数少，而且缺少创新和发展的潜力[32]，难以成为经济增长的主要动力。

在以上两个领域的创业公司里，财富与权力的矛盾显得尤为突出，因为这些公司都有吸引外部资源的强烈需求，而吸引外部资源，必须有交换条件。我收集数据，以便更好地分析比较这两个领域的创业公司，进而从中找出共同规律。

重点案例

我从收集的众多案例中挑选出七个作为重点案例*。理由是这七个案例（见表 1.2）不但充分展示了创业者所面临各种困难决定（及其后果），而且为我们发现规律提供了深刻的洞识。我已经向读者介绍了埃文·威廉姆斯的故事，现在让我们简单了解一下另外六位创始人的情况。

Pandora Radio 的创始人蒂姆·韦斯特格伦（Tim Westergren）最不像一位创始人。他在斯坦福大学学的是钢琴和政治学，但是他毕业后没有干过一份正式的工作。他当过保姆，在斯坦福大学招生办公室打过临工，后来组建了一支摇滚乐队四处巡演。坚持了十年巡演后他又开始从事自由作曲。在这期间，蒂姆产生了创建音乐数据库（他称为音乐基因组项目）的想法。他希望根据风格和特色对音乐进行分类，然后据此向用户推荐新音乐。1999 年，蒂姆遇到了硅谷创业者乔恩·克拉福特（Jon Kraft），两人一拍即合，决定一起实现这个想法。后来软件工程师威尔·格拉泽（Will Glaser）作为 CTO 加入了团队。三人决定平分股权，各自负责自己擅长的领域。然而，随着创业资金消耗殆尽，公司出现了拖欠员工工资的情况。早期的决定这时加剧了团队内部的对立情绪。最后乔恩选择离开，

---

* 附录 D 列出了本书所有调研对象的详细信息。

把烂摊子扔给了另两位创业伙伴。

表 1.2 重点案例

公司	创始人	首次创业	独自创业	创业合伙人关系	资金来源
Pandora Radio	蒂姆·韦斯特格伦	是	否	熟人	亲友
Masergy	巴里·诺尔斯	是	是	N/A	风险投资
Smartix	维韦克·库勒	是	否	同学	自筹资金
Sittercity	吉纳维芙·西尔斯	是	是	情侣	天使投资
Ockham Technologies	吉姆·特里安迪弗洛	是	否	前同事	天使投资和风险投资
Blogger/Odeo	埃文·威廉姆斯	否	否	存在多种关系	多种途径
FeedBurner	迪克·科斯特洛	否	否	前同事	多种途径

Masergy 的创始人巴里·诺尔斯（Barry Nalls）可谓大器晚成。巴里毕业后在大型通信公司 GTE 工作了 25 年，积累了丰富的销售和管理经验。GTE 重组后，他离开老东家，先后在几家小公司任职。最后他决定独自创办一家通信服务公司

（Masergy），自己出任 CEO。他用自己的遣散费作为启动资金，又募集了三百万美元的风险投资。虽然巴里有着丰富的工作经验和行业经验，但是创业遇到的问题（招聘新员工、对付董事会、解决部门间的矛盾等）还是弄得他焦头烂额。

Smartix 的创始人维韦克·库勒（Vivek Khuller）的情况与巴里恰恰相反：这位年轻的 MBA 希望改变一个他并不熟悉的行业。维韦克在投资银行做实习生时想到一个点子：利用电子出票技术帮助体育场馆和娱乐场所发售门票，从而撇开 Ticketmaster 之类的售票代理商。维韦克在 MBA 班上物色了两位与自己背景相似的同学一起创办 Smartix。借助 MBA 学院的人脉关系，他接触了几家知名场馆，对方表示愿意与 Smartix 合作。他还找到了几家风险投资公司，其中一家开出了投资条件。然而，很快他就后悔自己当初的决定过于草率了。

Sittercity 的创始人吉纳维芙·西尔斯（Genevieve Thiers）最头痛的问题是她的合作伙伴是她的未婚夫丹。假如俩人分手，公司会不会受到影响？假如公司发展不顺利，俩人的爱情会不会受影响？吉纳维芙在替朋友寻找保姆时联想到自己以前做兼职保姆的经历，她觉得建一个查询保姆信息的网站一定会大受欢迎。毕业之后，吉纳维芙曾在 IBM 编写技术文档，业余时间她喜欢唱歌剧。IBM 关闭了她所在的部门后，吉纳维芙把全部精力放在了 Sittercity 上。男友丹也加入进来，帮助她解决技术问题。丹顺理成章当上 Sittercity 的 COO。但是吉纳维芙渐渐开始感到不安，她担心自己的事业与私人生活会发生冲突。

Ockham Technologies 创始人吉姆·特里安迪弗洛（Jim Triandiflou）的窘境让大多数创始人嫉妒：面对众多投资公司，他拿不定主意该选择哪一个。吉姆不知道他的选择会对公司未来的发展，以及他在公司中的位置带来什么样的影响。是选择约束较少的天使投资，还是选择条件苛刻但能提供更多资源的风险投资？吉姆的父亲是一位教师，在学校里教了 33 年书。吉姆一直觉得自己和父亲一样不喜欢冒险。吉姆学的是市场营销，他有一张 MBA 文凭。毕业后，他一直在咨询公司工作，根本没想过下海创业。但是一次听了同事肯的创业想法后，吉姆决定和肯一起创办 Ockham Technologies，他们的产品是管理销售业绩的软件。俩人找来吉姆的前同事迈克作为公司的第三位合伙人。肯的第一个孩子诞生后，肯决定以家庭为重，放弃创业，留下吉姆和迈克二人继续支撑。好在公司发展得还算顺利，他们用外包方式开发的软件很快受到了 IBM 的青睐。公司吸引了众多投资者的注意，但是如何挑选投资却让吉姆头痛。

我重点观察的最后一位对象是 FeedBurner 的创始人迪克·科斯特洛（Dick Costolo），他后来成为 Twitter 的 CEO。创业之前，迪克一直在 Andersen 咨询公司工作，业余时间从事脱口秀表演。他和同事辞职后，先是创办了一家网站咨询公司。创业过程中遇到许多困难，他们前后创办了四家公司。在此期间，一位合伙人离开了团队，三位新合伙人加入进来。第四次创业几乎就要成功，却因为团队的意见分歧而功败垂成。最后，迪克接替埃文·威廉姆斯的位置，成为 Twitter 的舵手。

这些创业者的情况各不相同，他们有着不同的性格、背景和能力。然而我发现他们所面临的困境却极其相似，每个人都曾考虑何时开始创业，是否与人合伙创业，与谁合伙，何时开始招聘员工，如何招聘，以及是自筹资金还是寻找投资等。每一个不慎的决定都可能让公司"翻船"，或者让创始人失去控制权。

我希望为创业者提供一份创业地图，这张地图上标出了常见陷阱，可以提高创业团队的稳定性和效率，帮助他们到达目的地。我的调查数据和调查案例将会描绘创业者面临的每个困难决定及其后果。我相信知道如何权衡利弊的创业者将更容易实现创业目标。

注释

Notes

1. 参见 Gorman M.和 Sahlman W.A.的文章《What do venture capitalists do?》，发表于 1989 年《Journal of Business Venturing》，4(4): 231–248。

2. 参见 Kaplan S.N.和 Stromberg P.的调查报告《Characteristics, contracts, and actions: Evidence from venture capitalist analyses》，发表于 2004 年《Journal of Finance》，59: 2173–2206。

3. 参见 Amar Bhide 所著《The origin and evolution of new businesses》，牛津大学出版社 2000 年出版。

4. 参见 Hannan M.T.和 Freeman J.所著《Organizational ecology》，哈佛大学出版社 1989 年出版。

5. 参见 Stevenson H.H.和 Jarillo J.C.的文章《A paradigm of entrepreneurship: Entrepreneurial management》，发表于 1990 年《Strategic Management》，11(1): 17–27。

6. 参见 Aldrich H.和 Ruef M.所著《Organizations Evolving(2nd edition)》，SAGE 出版社 2006 年出版。

7. 参见 Baker T.、Miner A.S.和 Eesley D.T.的文章《Improvising firms: Bricolage, account-giving, and improvisational competencies in the founding process》，发表于 2003 年《Research Policy》，32: 255–276。

8. 参见 Cooper A.C.、Woo C.Y.和 Dunkelberg W.C.的文章《Entrepreneurs' perceived chances for success》，发表于 1988 年《Business Venturing》，3:

97-108。

9. 参见 Busenitz L.W.和 Barney J.B.的文章《Differences between entrepreneurs and managers in large organizations: Biases and heuristics in strategic decision-making》，发表于1997年《Business Venturing》，12(1): 9-30。

10. 参见 Hayward M.、Shepherd D.A.和 Griffin D.的文章《A hubris theory of entrepreneurship》，发表于2006年《Management Science》，52(2): 160-172。

11. 参见 Hmieleski K.M.和 Baron R.A.的文章《Entrepreneurs' optimism and new venture performance: A social cognitive perspective》，发表于2009年《Academy of Management》，52(3): 473-488。

12. 参见 Baron R.A.的文章《Cognitive mechanisms in entrepreneurship: Why and when entrepreneurs think differently than other people》，发表于1998年《Business Venturing》，13: 275-294。

13. 参见 Emerson R.M.的文章《Power-dependence relations》，发表于1962年《American Sociological Review》，27: 31-40。

14. 参见 Stevenson H.H.和 MacMillan I.C.的文章《A paradigm of entrepreneurship: entrepreneurial management》，发表于1990年《Strategic Management》，11: 79-92。

15. 参见 Carland J.W.、Hoy F.、Boulton W.、Carland J.A.C.的文章《Differentiating entrepreneurs from small business owners: A conceptualization》，发表于1984年《Academy of Management Review》，9: 354-3593。

16. 参见 Wadhwa V.、Aggarwal R.、Holly K.、Salkever A.的文章《The anatomy of

an entrepreneur: Family background and motivation》，发表于 2009 年 7 月《Kauffman Foundation Research Paper》。

17. 参见 Hurst E.G.和 Pugsley B.W.的文章《Non pecuniary benefits of small business ownership》发表于 2010 年《University of Chicago Working Paper》。

18. 参见 Scitovszky T.D.的文章《A note on profit maximization and its implications》，发表于 1943 年《Review of Economic Studies》，11(1): 57-60。

19. 参见 Kirzner I.M.所著《Competition and entrepreneurship》，芝加哥大学出版社 1973 年出版。

20. 参见 Amit R.、MacCrimmon K.R.、Zietsma C.、Oesch J.M.的文章《Does money matter? Wealth attainment as the motive for initiating growth-oriented technology ventures》，发表于 2000 年《Business Venturing》，16: 119-143。

21. 参见 Moskowitz T.J.和 Vissing-Jorgensen A.的文章《The returns to entrepreneurial investment: a private equity premium puzzle?》，发表于 2002 年《American Economic Review》，92(4): 745-778。

22. 参见 Hall R.E.和 Woodward S.E.的文章《The burden of the nondiversifiable risk of entrepreneurship》，发表于 2010 年《American Economic Review》，100(6): 1163-1194。

23. 参见 Hamilton B.H.的文章《Does entrepreneurship pay? an empirical analysis of the returns to self-employment》，发表于 2000 年《Journal of Political Economy》，108(3): 604-631。

24. 同上。

25. 参见 Hamilton B.H.的文章《An analysis of the returns to self-employment》，发表于 2000 年《Journal of Political Economy》，108(3): 604-631。

26. 参见 Zaleznik A.所著《Power and the corporate mind》，Houghton Mifflin 出版社 1975 年出版。

27. 参见 Boeker W.和 Karichalil R.的文章《Entrepreneurial transitions: Factors influencing founder departure》，发表于 2000 年《Academy of Management Journal》，45(3): 818-826。

28. 参见 Mills C.W.所著《The Power Elite》，牛津大学出版社 1956 年出版。

29. 数据来自 Renaissance Capital 发布的调查报告。

30. 参见 2001~2009 年新罕布什尔大学风险投资研究中心发表的《Annual report: The angel investor market》。

31. 数据来自 Thomson Venture Expert Database。

32. 参见 Hurst E.G.和 Pugsley B.W.的文章《Non pecuniary benefits of small business ownership》发表于 2010 年《University of Chicago Working Paper》。

第一部分
创业前期
PRE-FOUNDING

创业者思考是否应该创业，何时开始创业，以及如何创业时面临着各种隐患。有些人不顾自己是否具备必要的技能和动力就开始蛮干；有些人不考虑自己的个人情况和家庭环境，也不清楚创业会给自己的生活带来哪些负面影响；有些人为了创业而创业，陷入一种痴迷状态；还有些人沉浸在自己的创意中，不愿意冷静地评估可行性。过早下海的创业者可能因为条件不成熟而失败；而迟迟没有行动的人可能会发现自己已经不愿放弃舒适的生活方式和稳定的收入。

　　为了更清楚地描述这些现象，让我们来先看看两位条件迥异的创业者是如何选择的。

第 2 章
该不该创业
Career Dilemmas

汉弗莱·陈（Humphrey Chen）是一位年轻的创业者，他出生在一个传统的台湾家庭。家里人要求他上医学院，但他却对创业和前沿科技情有独钟。他喜欢创业的"不确定性及其带来的兴奋感"。读 MBA 二年级时，他和一位同学发明了一项新技术，可以帮助听众识别并购买广播电台正在播放的音乐。汉弗莱说："我突然间想到这个主意[1]。"听众只要拨打一个电话，并输入广播电台的编号，就可以买到广播里正在播放的音乐。汉弗莱非常兴奋，他注册了专利，并且做出了展示用的原型。他打算创办一家公司（ConneXus）来实现自己的创意。

与此同时，一家大型咨询公司向汉弗莱提供了一份诱人的工作，工作地点在曼哈顿，工作内容与通信和新媒体有关。这份工作恰好与他的兴趣和特长吻合。汉弗莱几个月后就要结婚了，他的未婚妻塞西莉亚仍在攻读药学学位，没有收入。塞西莉亚说："我不像汉弗莱那么大胆，我喜欢稳定。做咨询是一份安定的工作，我觉得这样的生活更让人放心[2]。"但是汉弗莱却不想轻易放弃创业。是坚持创业，还是接受咨询公司的工作，这让汉弗莱难以抉择。

与汉弗莱不同，巴里·诺尔斯年纪不小了才考虑是否创业。巴里的家族有经商传统，他父亲和祖父都有自己的生意。学理工科的巴里毕业后在德克萨斯州最大的公司 GTE 工作了 25 年。1999 年 GTE 与 Bell Atlantic 合并后，巴里开始考虑自己创业。当时巴里已经结婚，他有两个正在上学的孩子。他的妻子鼓励他迈出这一步，甚至愿意为支持他创业而搬家。他先试着为两家创业公司工作，了解创业者的生活方式，然后开始构思自己的创业点子。

是不是所有的创业者都像汉弗莱一样年纪轻轻就创业，还是都像巴里一样"大器晚成"？都不是。年龄并非创业的决定因素。我的研究数据表明 IT 行业和生物技术行业的首次创业者年龄分布非常广，不存在"最佳"的创业年龄[3]。虽然这些创业者在开始创业之前平均有 14 年的工作经验，但是这组统计数据的标准差高达 9.8 年。IT 行业的创业者平均有 13.1 年工作经验，而生物技术行业的创业者平均有 15.9 年工作经验。35%

的人在创业之前工作了 20 年以上,但是也有一小部分创业者的工作经验不足 4 年[4]。

在创业者的年龄排名表上,汉弗莱的排名非常靠前,而巴里则几乎垫底[5]。虽然他俩年龄差距很大,但是他们在决定是否创业时考虑的问题却极其相似。这些问题就是本章的讨论重点。

1. 我是否应该创业?

2. 何时开始创业?越早越好还是等积累足够经验?

3. 如何才能冷静地评估我的创意?

这些问题牵扯许多因素,包括个人因素(如果创业不顺利,我的配偶会一直支持我吗?我的家庭情况是否允许我创业?),职业因素(我是否积累了足够的技能和经验?),还有市场因素(我的想法实际吗?会不会太理想化了?)。这些因素决定了创业者应该采用什么样的方式创业。比如说,年轻的创业者由于缺少经验和技能,不得不邀请有经验的合伙人一起创业。而有工作经验的创业者则可以考虑独自创业,并且聘用工作经验较少的员工。

我是否该创业

创业者通常有一个共同点,那就是怀有某种激情,比如为了创业这件事本身而激动,为了自己的创意而兴奋,或者为了有机会改变行业而夜不能寐。这种激情是创业者重要的精神源泉[6]。然而除此以外,本章要研究的创业者几乎没有任何共同点,他们在各个方面(年龄、个性、经验、创意、早年经历、经济条件、婚姻状况、家庭情况)都不相同。那么他们的决定有规律可循吗?

虽然创业者通常被视为冒险者,但是对待风险的态度并不影响一个人的创业意愿。研究人员对比了创业者和普通管理者对待风险的态度,发现结果自相矛盾[7]。然而,我们确实发现了两个造成创业者与非创业者之间差异的因素。第一个因素是早年的影响,早年经历对人们是否创业起着重要作用,它把某些人引上创业之路,却让另一些人对创业敬而远之。第二个因素是人们的创业动机,它虽然不起决定性作用,但是会增强或减弱第一个因素的作用。

早年的影响

创业者成长的家庭环境、文化背景以及特殊榜样的示范对他们有着至关重要的影响。蒂姆·巴特勒(Tim Butler)博士研究这个课题二十多年,他认为最具决定性的影响往往不易察觉,比如长辈和文化环境所传达的信息。"我们接受了很多有强烈暗示的信息,什么东西最重要,什么是成功,什么是失败。是做生意更受人尊重,还是从事专业工作更有价值。这些信息深深地影响着我们的选择。"

这些信息有可能阻止我们迈出创业的步伐。拿汉弗莱来说,他生长在一个反对创业的家庭。"父母一直反对我创业。我父亲是医生,我两个哥哥也都是医生。在台湾,只有那些当不上医生、律师、工程师的人才去经商,那是低人一等的事,我是家里的异类[8]。"汉弗莱不得不痛苦地在创业和遵守"家庭传统"之间做出选择。

如果一个人的长辈或亲友中有人经商,那么他就更容易走上创业之路[9]。巴里·诺尔斯从小就受到家人经商的影响。"我爷爷买卖古董和地产,他还有一座废旧汽车处理场。我爸爸经营一家加油站和一家枪支用品店。我叔叔开了一家推土机公司。我的家人都是创业者。"巴里永远忘不了小时候和爷爷一起去跳蚤市场卖东西的情景:"爷爷带我去集市摆摊时,我只比桌子高一点,勉强能看见桌上的东西。他在桌上放了一盏油灯、一只烧饭炉、一把古董枪和其他几样东西。他告诉我如何开价,如果买家砍价,底价是多少。然后他就去别的摊位淘货,留下我独自做生意。在这种环境下长大,我很快就学会了如何发现商机,如何采取行动,如何吸引顾客,如何与顾客打交道。"童年的经历深深地影响着巴里,即便在大公司工作了二十多年,他仍然放不下创业的念头。

许多创业者在回忆自己早年的经历和生活环境时,都能从中发现影响自己创业的因素。如果把环境因素与个人动机结合起来,人们选择创业的原因就显得更清晰完整了。

创业的动机

我曾提到 CareerLeader 研究组在全球调查了 27,000 个对象(包括 2000 多位创业者)。他们统计了 13 种最常见的工作动机:参与感、奉献精神、自主权、财富、智力挑战、改变生活方式、管理欲、地位、权力(影响力)、威信、认同感、安全感、丰富阅历[10]。

在 CareerLeader 项目发起人蒂姆·巴特勒博士的协助下,我对数据库中的 27,000 个调查对象进行了分类。分类标准分别是性别、年龄段(二十岁年龄段、三十岁年龄段、四十岁以上年龄段)和创业状态(创业者和非创业者)[11]。仅就工作动机而言,我发现创业者和非创业者的差异极大,但是不同性别之间的差异很小(稍后我们还会讨论性别问题),而由年龄引起的差异则更小(随着年龄的增长,工作动机越来越趋同)。

先来看看二十岁年龄段男性的情况。表 2.1 展示了排在前四位的工作动机。从表中可以看出,这个年龄段的男性都比较看重财富。但是除了财富以外,创业者与非创业者的工作动机有着明显的差异。创业者更看重控制权(权力、自主权、管理欲),而非创业者则恰好相反。

表 2.1　二十岁年龄段男性的工作动机排序

排序	二十岁年龄段男性 创业者的工作动机	二十岁年龄段男性 非创业者的工作动机
1	权力与影响力	安全感
2	自主权	威信
3	管理欲	财富
4	财富	参与感

Blogger 的创始人埃文·威廉姆斯就非常看重权力,为此他拒绝了几百万美元的收购请求。他说:"我为 Blogger 投入了四年的心血,我害怕失去它。"相反,FeedBurner 的创始人迪克·科斯特洛(Dick Costolo)则坦承财富对他很重要。面对收购请求,"我不像工程师那样死脑筋,价格合理就行。"StrongMail 的创始人弗兰克·阿丹特同样承认追求财富是他创业的主要动机:"只要给我足够多股份,我甚至愿意留在公司

继续工作。"追求财富的创业者希望收益最大化；而看重控制权的创业者希望按照自己的设想来经营公司，推出服务和产品。

再来看看二十岁年龄段女性的情况。表 2.2 展示了排在前四位的工作动机。

表 2.2　二十岁年龄段女性的工作动机排序

排序	二十岁年龄段女性创业者的工作动机	二十岁年龄段女性非创业者的工作动机
1	自主权	认同感
2	权力与影响力	参与感
3	管理欲	安全感
4	奉献精神	生活方式

与男性的情况相似，女性创业者与女性非创业者的工作动机也有着显著的差别（只有一点例外，那就是奉献精神，所有的被调查女性都很重视这一点）。另外，女性创业者也很看重控制权，但是她们对财富的渴求程度明显比同年龄段的男性低。SitterCity 创始人吉纳维芙·西尔斯认为获得自主权是她最主要的创业动机。她说："在 IBM 工作时，我有一种强烈的疏离感，我就像是一部巨型机器上的小零件，完全不明白机器要做什么。只有了解工作的意义，我才有动力。创业可以按自己的设想工

作。"

统计数据还表明,创业者的工作动机随着年龄的增长会发生细微的变化。表 2.3 统计了调查对象从二十岁进入三十岁以后主要工作动机的变化情况。

从表中可以看出,进入三十岁以后,男性创业者排在前四位的工作动机没有发生任何变化,而女性创业者排在前四位的工作动机里仅仅增加了丰富阅历这一项。相比之下,非创业者进入三十岁以后工作动机的变化更大一些。

表 2.3　三十岁年龄段排在前四位的工作动机

三十岁年龄段	男性创业者	女性创业者	男性非创业者	女性非创业者
二十岁年龄段原有工作动机	权力与影响力	自主权	安全感	认同感
	自主权	权力与影响力	威信	安全感
	管理欲	奉献精神		
	财富			
进入三十岁后新出现的工作动机		丰富阅历	地位	奉献精神
			认同感	丰富阅历

再来看看进入四十岁以后的情况（见表 2.4）。这时男性创业者的动机有了更明显的变化。虽然对自主权和权力的追求仍然没变，但是他们开始注重丰富阅历和奉献精神（男性比女性晚十年关注丰富阅历，晚二十年关注奉献精神）。进入四十岁以后，所有人的工作动机变得越来越相似，自主权和奉献精神出现在所有四类人的动机里，而丰富阅历出现在三类人的动机里。

表 2.4　四十岁年龄段排前四位的工作动机

四十岁年龄段	男性创业者	女性创业者	男性非创业者	女性非创业者
三十岁年龄段原有工作动机	权力与影响力	自主权	安全感	奉献精神
	自主权	奉献精神	认同感	丰富阅历
		丰富阅历		
进入四十岁后新出现的工作动机	奉献精神	智力挑战	奉献精神	参与感
	丰富阅历		自主权	自主权

我再举一个以奉献精神为创业初衷的例子。美国职业棒球运动员柯特·席林（Curt Schilling）退役后开始创业，他的首要创业动机是回报社会。柯特非常关心患有肌萎缩性脊髓侧索

硬化症（又称路格瑞氏症）的人群，他一直在参加相关的慈善活动。柯特的偶像是比尔·盖茨，他希望像盖茨一样"用慈善改变世界"。虽然柯特创办的 38 Studios 是一家大型多人在线游戏公司，但他期待用公司的盈利来支持慈善事业。

虽然这些统计数据无法直接说明读者自己的创业动机是什么，但是了解其他人的想法或多或少可以帮助我们更好地认识自己。如果你有创业的打算，那么想清楚自己的创业动机是很重要的。稍后我们还会谈到，一个人的创业动机对他的创业活动有着不可忽视的影响。

一旦决定创业，人们要考虑的下一个问题是：我应该在职业生涯的哪个阶段开始创业？

何时开始创业

过早下海的创业者可能因为经验不足而失败；而迟迟没有行动的人可能会发现自己的勇气已经耗尽。然而，创业并不存在对所有人都合适的最佳时间点（比如 28 岁），只存在对你自己是否合适的时机。下面我将深入讨论正反两方面的因素。

推迟创业的理由

推迟创业无非是因为创业者觉得自己的准备还不够充分，比如，大多数人都认为如果积累更多的工作经验，就能更好地应对创业过程中遇到的困难，创业的过程就会更加顺利。创业前的各种准备大致可以归纳为三个方面：积累个人资本、社会资本和财务资本。

积累个人资本

个人资本指的是创办和经营公司所需的各种技能和专业知识，包括通用的个人资本（比如领导能力和语言表达能力）和特殊的个人资本（比如专业技能和行业经验）。有些个人资本是在教育机构获得的（比如生物工程或计算机科学的专业知识），有些个人资本是从工作和生活中获得的（比如与人谈判的技巧）[12]。

在积累经验的同时，创业者也形成了自己的思维模式：对信息进行分类和处理的方式[13]。假设一位医生和一位营销专家都想创办医疗软件公司，由于他们面对相同信息时关注的重点和细节各不相同，看待问题的方式也不一样，最终会得出截然不同的创业计划。这就是思维模式的差异。

创业者的思维模式深刻影响着他们创业的方式[14]。抛开专业知识不谈，创业有一套通用的思维模式，比如创业者必须认识到，要想让公司快速发展壮大，就必须用手上的资源（公司的管理权限和股份）换取公司所需的资源（如人才和资金）；再比如创业者最好不要选择与亲戚朋友一起创业，否则最后很可能落得个众叛亲离的下场。这些道理虽然简单，但只有具备一定阅历和情商的人才能产生认同感。因此，创业者思维模式的形成，并非一朝一夕的事情。

创业者没有形成适合创业的思维模式就仓促上阵，往往会欲速而不达，但是判断一个人是否准备好了，却没有客观的标准，有些人也许二十岁出头就准备好了，而有些人也许要到四十岁才准备好。所以我只能尽量列举两方面的利弊，最后的决定权还是在读者自己手中。

工作与学习

读 MBA 之前，ConneXus 的创始人汉弗莱·陈（Humphrey Chen）曾在多家公司（普华永道、摩根士丹利、一家市场咨询公司和一家互联网音乐公司）工作。虽然时间都不长，但他学到了广泛的业务知识。高学历和丰富的工作经验进一步激发了汉弗莱的创业愿望[15]。然而，宽泛的涉猎也导致汉弗莱在某些专业技能上缺少深度，这使他无法更全面、更深刻地把握 ConneXus 的价值定位和前景。

另一位年轻的创业者维韦克·库勒（Vivek Khuller）的情况恰好相反。读 MBA 之前，维韦克在 Bell Atlantic 做了五年的工程师。他非常了解这家世界一流的企业是如何运作的，同时他对研发工作也有深刻的认识。因此他能够迅速开发出产品的技术原型。但是，维韦克并不了解他的目标市场（娱乐场馆和体育场馆）。稍后我们将看到，要想创业成功，创始人必须设法弥补自己的盲区。

汉弗莱虽然缺乏足够的工作经验，但他在学习上花的工夫更多。他获得了技术学位，并且完成了名校的 MBA 课程。通过参加针对性很强的培训，他获得了有些创业者工作多年才积累的经验。

受教育程度对创业可能性的影响仍然存在争议，比如斯科特·谢恩（Scott Shane）教授就认为，接受教育的时间越长，越有可能走上创业之路[16]。但我也不止一次听到与此相反的意见。因此，我只能说在积累个人资本的途径上，工作与学习各有利弊，过于专注于某一方面对创业都是不利的。

管理经验

与维韦克和汉弗莱不同，巴里只有一个两年制的学位。但他有二十多年的管理各类大小团队的经验，作为大型企业的高管，他对部门盈亏负有责任，需要协调多个职能部门的工作，共同完成工作目标。

丰富的经历让巴里培养了解决问题的自信。当他与自己的董事会在招聘问题上产生分歧时,巴里坚持了自己的意见。"没经验的 CEO 很难反对董事会的意见,不过这对我来说却并不困难。"然而,有如此丰富管理经验的创业者实属少数。在我调查的创业者中,只有 18%的人在创业前有管理经验,这其中 IT 领域的创业者占 19%,生物技术领域的创业者占 15%。这与另一项研究结果一致,技术型创业者往往缺乏管理经验,甚至对管理提不起兴趣[17]。在《Inc.》杂志评选出的高速增长的中小企业 500 强名单中,创始人普遍缺少丰富的管理经验和经营经验[18]。

如果你在创业之前有机会从事管理工作,那一定要把握机会,你积累的管理经验会让你在今后与竞争对手的较量中占得先机。

各种职能部门的工作经验

经营企业需要协调不同职能部门(产品研发、营销、销售、财务、人力资源等)的工作。如果创业者曾经在某些职能部门工作过,他就更容易理解这些部门是如何运作的,以及它们是如何与其他部门协作的。但是积累不同职能部门的工作经验需要较长的时间,年轻的创业者往往不具备这样的条件。

吉姆·特里安迪弗洛（Jim Triandiflou）和迈克·迈森海默（Mike Meisenheimer）是 Ockham Technologies 公司的创始人。两人都有丰富的销售和咨询经验，他们了解自己的客户和产品的价值主张，但是缺少设计和开发软件的经验。吉姆回忆说："我俩对软件开发一无所知，我们曾经开玩笑说应该先报个班学习如何编程。"由于两位创始人缺少编程经验，他们对软件开发的困难缺少心理准备，在与外包团队沟通时缺少耐心，导致开发过程颇不顺利。

创业者的部门背景对于公司的经营策略和工作重心有着重要的影响。如果创业者曾经在市场部门、销售部门工作，那么他就会更擅长产品创新和营销推广。如果创业者曾经在生产部门、流程部门工作，那么他就会更注重生产自动化并尽量自主生产各种原配件[19]。

因此创业者应该对自己的工作背景有清醒的认识，了解自己的长处和短板，在寻找创业伙伴和招聘员工时有意识地寻找与自己能力互补的人，这样公司才能健康发展。

行业经验

行业经验可以帮助创业者少走许多弯路。巴里·诺尔斯在通信行业干了 25 年，他的经验以及对潜在客户的了解在创办 Masergy 时发挥了重要作用。巴里对自己说："我最了解哪个行业？无疑是通信行业。我认识哪些人？通信行业的企业客户。这些企业客户关心什么问题？他们愿意出多少钱解决问题？"巴里围绕这些问题构思出一份可行的创业计划。

维韦克希望与体育场馆合作出售电子门票，但是他对体育场馆和赛事却知之甚少。"我是宅男，只去过一次 Fleet Center（波士顿一座体育馆），从来没去过 Foxboro（新英格兰的一座橄榄球场）看比赛，更没去过纽约的麦迪逊广场花园体育馆。"当维韦克第一次与某大型体育馆经理会面时，他才发现自己毫无准备。"我不知道这些体育场馆的运营方式。对方提出的问题（比如使用电子票有哪些风险等）我几乎答不上来。"

斯科特·谢恩（Scott Shane）教授对中小企业的调查显示：55%的创业者在创业前没有相关行业的工作经验[20]。这些创业者大多相信自己不会被经验的条条框框所限制，反而有利于创业[21]。这听起来也许有道理，但是这一点所谓的优势轻易就会被对行业无知的劣势所压倒。研究显示，比起有行业经验的创业者，缺少行业经验的创业者筹集的资金更少，公司发展速度更慢，而且创业失败率更高[22]。

转换行业需要调整一个人的思维模式。以柯特·席林为例。这位著名的前职业棒球运动员的名誉的确为他创业带来了一些优势，比如利用他的人脉寻找投资。然而，选择不熟悉的行业创业后他不得不承认:"我不理解的事太多了。"

对许多像柯特这样有着深深职业烙印的人来说,这种调整显得尤为困难。多年的棒球职业生涯让柯特形成了一种独特的思维模式,比如团队如何合作,如何激励同伴,为了实现目标如何努力等。他无法理解为什么员工不愿意连续工作 14 天,也不明白为什么他们周末要休息,甚至还要安排时间去度假。棒球运动员的收入只有工资,他们没有球队的股权,但员工不但拿工资,还想分股权。柯特不得不做出调整,学习在商业环境下如何激励同事和组建团队。

甚至一些柯特曾经熟悉的词汇在同事那里都出现了相反的意思。一次开会时,同事反复提到 burn rate 这个词。对棒球运动员来说,burn rate 指的是传球的速度,应该是越高越好。但是大家却认为 burn rate 应该越低越好。事后柯特才明白,商业上的 burn rate 是指资金的消耗速度,难怪同事都说越低越好。柯特认识到自己的问题,开始吃力地做出调整。

如果你没有任何行业经验,那么无论选择什么行业创业都一样。但是如果你曾经在某个行业工作过,那么你最好就选择在这个行业创业,这样做成功的概率比选择陌生行业高得多。

小公司与大公司

为别人打工可以学到创业所需的技巧[23]。参与过创业的人更懂得如何评估潜在机会，更清楚该挑选哪些机会，以及如何动手[24]。由于社会化大分工，每个人只掌握了某方面的工作技能与经验。创业者必须将他们以往的知识与新掌握的信息正确地结合起来，才能发现创业机会*。

维韦克创办的 Smartix 就是一个这样的例子。维韦克学的是电气工程专业，在研发工作岗位上工作了五年之后他开始学习 MBA 课程。在此期间，他进入一家开发电子通行卡的公司实习。以往积累的知识和经验很快让维韦克构思出了自己的创意：把电子通行卡用于体育场馆售票。

小公司的员工要比大公司的员工更有可能辞职创业。一项调查研究表明，50%的创业者来自人数少于 25 人的公司，64%的创业者来自人数少于 100 人的公司[25]。对这种现象，有一种解释是大企业可以更好地消化员工的创意，因而更容易把这样的员工留下来。另一种解释是，小公司更容易吸引本来就有创业倾向的员工。

尽管如此，大企业并非完全无法提供创业所需的经验。举

---

* 有经验的创业者更倾向于根据已有的条件（个人优势、手头的资源等）选择创业方向。而没有经验的创业者则倾向于先选择一个方向，然后想尽办法去实现。

例来说，20世纪70年代在Baxter国际医疗保健公司工作过的许多人都有能力创办生物科技企业。Baxter公司为员工提供了很多独当一面的工作机会，这实际上帮助员工拓展了创业所需的知识、技能、人脉和信心。在1979年到1996年之间上市的生物科技公司中，几乎四分之一的公司的创始团队里都有在Baxter公司工作过的人。相反，Baxter公司的竞争对手Abbott Labs公司则更注重专业化分工，所以它的员工很少独立创业。基于这个原因，那些在大公司里负责新产品开发或开拓异地新市场的人通常都更有可能辞职创业。

在大公司工作有利也有弊。GTE公司确实教给巴里·诺尔斯一些与创业有关的经验，但长期为大公司工作，也让他形成了一些不可避免的盲点。尽管巴里创业之前在两家小公司工作过，但这还不足以解决他的问题。"我不知道如何寻找投资，除了风险投资我不知道还有哪些融资的办法。"此外，巴里展示给投资人的商业计划过于详细（这是他在GTE公司养成的工作习惯），他不懂得要突出关键的行动步骤，更没想到介绍他的团队。GTE公司的商业计划总是强调品牌优势，但是风险投资人最关心的却是巴里的创业团队。

拿到风险投资后，巴里又面临着新问题。首先，他不懂得如何与由风险投资人组成的董事会相处。刚开始，巴里把董事会当成自己的老板，对他们的意见言听计从。过了一段时间，他才逐渐意识到自己有很大的自主权。"董事会只提供建议，并不要求你一定做到"巴里解释道，"你甚至可以拒绝他们的建议。"其次，巴里不清楚哪些事应该由他来做，哪些事应该委托给同事去做。事无巨细亲自过目是他在 GTE 养成的习惯。

此外，他每个月要花 1/4 的时间准备向董事会汇报工作，这也耗费了他大量的精力。"我猜董事会一定想了解公司的发展状况，但是我不清楚他们到底想知道什么，于是我就把所有的细节都告诉他们。"

有一次听完他的汇报后，董事会表示："我们需要你做更重要的工作。如果这么琐碎的事你都管，你就不适合做 CEO！"巴里回忆道："那时我才明白董事会对 CEO 的要求。于是我开始思考哪些工作我必须亲自做，哪些应该交给别人做。"

巴里还发现创业公司的做事方式与大企业很不相同。比如，创业公司的资源有限但行动敏捷，所以做事一定要专注，随意改变方向或者频繁增加产品功能只会浪费有限的资源。

认识到小公司与大公司的这种差异将有利于创业者根据自身情况（曾在小公司还是大公司工作过）调整自己的创业策略。

其他经验

除了学习和工作外，人们还可能从其他一些意想不到的途径获得有助于创业的经验。比如，蒂姆·韦斯特格伦在组建乐队的过程中培养了自己的领导能力和管理能力。蒂姆四处推销自己创作的乐曲，这让他积累了销售经验，并磨练了他的耐性。这一切都是他创业的宝贵财富。FeedBurner 创始人迪克·科斯特洛（Dick Costolo）以前做过喜剧演员。在旁人看来，他的这种经历对创业不会有帮助，然而多年的舞台表演让 Dick 比一般人更了解人性，也更懂得如何与人合作。

俗话说，机会总是青睐有准备的人。多做一些力所能及的事对今后创业必定是有帮助的。下面我们再看看什么是社会资本和财务资本。

积累社会资本和财务资本

社会资本指的是创业者的人脉资源。拿巴里来说，创立 Masergy 之前，巴里在多年的工作中已经结识了许多行业客户、顾问和投资人。丰富的人脉资源让他在短短 6 个月内就实现了创业的梦想。

与巴里相比，年轻的维韦克的社交圈窄得多。不过维韦克还是利用同事和同学的关系创办了 Smartix。他请来 Bell Atlantic 的同事担任程序员，还从商学院的同学中找到了合伙人和潜在客户，并借此找到了风险投资。尽管如此，维韦克还是缺少与有经验的行业内人士的联系。可见，人脉资源是需要时间积累的。

财务资本指的是创业者可以运用的资金。大多数创业者都希望在创业之前积攒足够的存款,作为辞职创业时的生活经费,以缓解创业的压力,这是人之常情。还是以巴里为例,他从最后一家公司辞职时,手里不仅有充裕的存款,还有六个月离职补偿金,这些钱为他创业提供了保障。

相比之下,年轻的汉弗莱为了创办 ConneXus,婚后不得不继续和父母住在一起,以降低日常花销。这给他的婚姻关系带来了相当大的压力。即便如此,汉弗莱还是幸运的,还有不少人因为没有积攒足够的财务资本,不得不继续替人打工。有调查表明,考虑自主创业的人群里,有 51.3% 的人因为缺少足够的财务资本而迟迟不敢迈出这一步[26]。

一定的社会资本和财务资本都是创业的必要条件,但是相比之下,社会资本要比财务资本更重要。我的研究表明,社会资本的积累往往有助于财务资本的积累,创业前积累的人脉关系越广,就越容易吸引创业合伙人、投资人和客户,而且公司进入正轨的速度也更快。

以上我指出了推迟创业可以让创业者积累更多的个人资本、社会资本和财务资本,为创业做更充分的准备。但是推迟创业并非没有弊端,接下来我们来看看它不利的一面。

推迟创业的弊端

虽然推迟创业可以让创业者积累更多的个人资本、社会资本和财务资本，但是这样做并非没有弊端。首先，持续的积累并不与创业成功率成正比。研究表明，虽然成功的创业者大多拥有一定的打工经验，平均为 25 年，但是打工时间超过 25 年的创业者失败率会显著上升[27]。其次，打工时间越长，人就越可能被环境羁绊，从而止步不前。环境羁绊主要包括职业羁绊和家庭羁绊两种。

职业羁绊

正如本章开头提到的，创业的可能性并不随年龄或工作经验的增加而增加。相反，打工时间越长，离职创业的羁绊就越多。比如心理上的羁绊（放不下工作带来的显赫头衔或社会地位），还有财务上的羁绊（舍不得已获得的高薪和需要继续工作才能得到的股份奖励）。这些羁绊增加了人们离职创业的机会成本，降低了创业的吸引力。

除非所在的行业或公司开始走下坡路，否则大多数人都不会轻易决定辞职创业。例如，Sittercity 的创始人吉纳维芙就迟迟下不了决心全身心创业。吉纳维芙一直在 IBM 的 Lotus 部门工作，同时用业余时间创办保姆网站。虽然她知道自己总有一天会离开 IBM，但是却迟迟下不了决心。2002 年经济不景气，IBM 裁掉整个 Lotus 部门，吉纳维芙拿到了 6 个月的离职补偿金，开始全身心地创业。她的丈夫丹说："辞职需要很大的决心。吉纳维芙很幸运，有人替她做了决定。"

个人的工作业绩也影响着离职创业的可能性。工作业绩处于中游的人通常不会离职创业，有可能离职创业的往往是业绩垫底的员工（工资低，离职损失小）和表现最优秀的员工（创业可能挣得更多）。

此外，辞职创业还有法律方面的问题。比如有些公司事先声明员工在工作期间的成果归公司所有。还有公司在合同中禁止员工（尤其是高层管理者）离职后从事同行业的创业活动。Ockham Technologies 的创始人吉姆·特里安迪弗洛就遇到了这种情况。作为 TAG 公司的高层管理者，吉姆就发现自己创业的想法与公司的合同条款有冲突。

家庭羁绊

家庭羁绊通常来自子女和配偶。比如，虽然肯·布罗斯（Ken Burows）是最早提出创办 Ockham Technology 的人，但他的第一个孩子出生之后，他却犹豫了。他的创业伙伴吉姆·特里安迪弗洛回忆说："肯最后决定为了孩子放弃创业，而他本来是带头人。"

即使孩子已经长大了,他们仍然可能影响创业者的计划。巴里·诺尔斯的儿子患有自闭症,他离不开熟悉的学校、医生和治疗师。尽管德克萨斯州并不适合创业,但是为了儿子,巴里决定放弃去外地创业的计划,把公司开在了家附近。

配偶的支持也很重要。为了获得妻子的支持,巴里和维韦克不约而同地给自己的创业尝试定了一个时间表。巴里给自己定的时间是 6 个月,而维韦克的妻子同意他用一年时间尝试创业。维韦克解释说:"商学院从来没有教过我获得妻子的支持有多么重要。一天 24 小时可以分成三部分:8 小时工作,8 小时家庭生活,8 小时睡觉。如果 8 小时家庭生活出了问题,那么 8 小时工作和 8 小时睡眠就都没保障了。"

相比之下,汉弗莱的处境要困难得多。他的妻子和父母都希望他放弃创业,找一份稳定的工作。汉弗莱的妻子反对他创业的主要理由是汉弗莱的创业进度很不靠谱。刚开始,汉弗莱向她承诺 10 月份结婚前就能拿到投资。但是到了年底资金还没到位,小两口因此不得不跟公婆住在一起。假如当初汉弗莱没有把一切描绘得那么顺利,而是让妻子做好一起面对困难的心理准备,也许她就不会如此反对创业了。

配偶稳定的收入对创业者也很重要。蒂姆·韦斯特格伦准备创办 Pandora Radio 时已经三十多岁,他明白家庭经济稳定的重要性。妻子稳定的收入为他提供了经济上的保障,让他可以放下顾虑,大胆一搏。有调查表明,70%的创业者是婚后才创业的,而60%的创业者至少育有一个孩子[28]。如果配偶没有稳定的收入,人们创业的可能性将大大降低。

除非你是独身主义者,并且没有子女,否则家人对创业的影响是不可忽视的。我的调查表明,有能力经营好家庭的创业者更容易在事业上取得成功。

除了决定何时开始创业,创业者面临的另一个问题是如何冷静评估自己的创意。

如何冷静评估创意

研究显示71%创业者是在工作过程中想出创业点子的[29],比如蒂姆·韦斯特格伦就是在作曲时想到创办Pandora Radio的。有人觉得创业的点子完全是灵感的产物,其实它与创业者的工作经历有着密切的联系。吉纳维芙帮朋友寻找保姆时,突然想到:"如果搭建一个登记保姆信息的网站一定会大受欢迎。"她之所以能想到这个主意,多少是因为此前做过临时保姆。同样,维韦克想出电子票的点子也与他此前的电子工程师工作背景有关。

无论创意是如何形成的,都要对它进行冷静的评估,看看它是否有市场价值。评估行业潜力和市场机遇的书很多,以下是创业者常用的一些评估问题。

市场潜力:市场有多大?消费者是否愿意付费使用产品或服务?

市场潜力越大(如针对全国市场而不是本地市场)的创业公司,存活的概率越大。具备创新元素的产品比那些一成不变的产品更容易成功。但是突破性的创新产品需要更长的开发时间和推广时间。维韦克原本打算在一年内让公司走上正轨,但他没有想到,推出并让市场接受 Smartix 这样的新事物,一年时间是远远不够的。

竞争格局:产品是否有优势?是否要竞争稀缺资源?

突破性的创新产品可以创造新的利基市场,因此刚开始不需要和其他公司争夺资源(包括客户)。但是随着越来越多的公司进入这个市场,竞争也将变得越来越激烈。如果市场提供的资源足够充裕,进入市场的公司数量将逐步达到顶峰。此时再进入市场,创业的成功率将大大降低。

时效性:是否应该迅速行动?会不会错过机会?

以下三种行业通常具有较强的时效性。第一,科技类产品和服务,出现得快,过时也快;第二,社交类产品和服务,用户越多价值越高，必须在短时间内设法积累大量用户；第三，能产生巨大经济效益的产品和服务。人们常说的先发优势只存在于这些时效性较强的行业。而那些时效性不强的行业往往是后来者居上，因为后来者可以借鉴先行者的经验和教训，还可以分享先行者培养的用户和现成的产业链。

评估创意时还应该考虑创业者个人的经验和能力。如果把巴里·诺尔斯的创意交给蒂姆·韦斯特格伦实现，结果一定大不相同。如果巴里·诺尔斯年轻时就创业，而不是等工作多年后再创业，那结果也将大相径庭。积累了足够资本的创业者在考虑何时创业以及如何创业时，选择余地肯定比没有足够准备的人更宽裕。

充满激情的创业者即使在全面评估了创意之后，依然要提防过分的自信和乐观，因为它们有可能影响创业的结果。

乐观与激情

一般来说，创业者对自身能力、创意、创业前景都高度自信。研究表明，**95%**的创业者相信自己的创业成功率比其他人高出 **50%**，而三分之一的创业者相信自己一定能成功[30]。另一项研究要求受试者回答有关个人健康方面的问题，结果创业者的自信程度比非创业者高 **20%**[31]。过度自信让创业者将前景想得过于美好，从而有可能导致仓促、草率的行动。

对创业者来说，乐观究竟是优势还是劣势？一方面，乐观可能激发更多的创意，并减少创业者"随大流"的行为。乐观的创业者喜欢迅速行动，他们更容易抓住有时效性的创业机会。另一方面，乐观的创业者也容易忽略实际困难，从而制定出不切实际的行动计划。这导致他们有时会刚愎自用，不愿意根据实际情况调整既定计划，从而增加失败的概率[32]。

简而言之，乐观通常是一把双刃剑。风险投资人盖伊·川崎在他的博客文章《如何改变世界》中列举了"创业者的十大谎言"。其中多数谎言都与创业者幼稚且过度膨胀的自信有关。盖伊说："如果一位创业者对我说四年内能赚 5000 万美元，我通常会在心里把时间延长一年，再把金额除以十。"

自信和乐观还将在很多重要的决定中起作用。比如，是独自创业还是与人合伙，是否接受投资人开出的条件，是否坚持担任 CEO 等。后续章节还会继续讨论这个问题。

小结

法国作家罗什富科说过："感觉总是愚弄理智。"史蒂夫·乔布斯也常说："请倾听内心的声音，但是要服从理智的指挥。"对自负的创业者来说，感觉往往是靠不住的。为了保证理智在决策的过程中发挥作用,我们来回顾一下本章提出的三个问题(见图 2.1)。

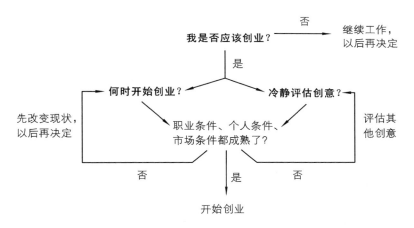

图 2.1 创业前的三个问题

职业条件、个人条件、市场条件从不同的方面制约着创业者对以上三个问题的回答。图 2.2 展示了这三个要素是如何影响创业者的决定的。

如果创业者觉得三个条件都满足——也就是自己的情况落在图 2.2 中心的"牛眼"内,那么他就可以放心地走上创业之路了。然而,这种情况在实际生活里比较罕见。最常见的情况是具备两个条件,但第三个条件还不成熟(即图 2.2 中的三个灰色区域)。这时,更务实的做法是有针对性地改善现状,待时机成熟后再创业。我们来看看出现在我的研究对象身上的几种常见情况。

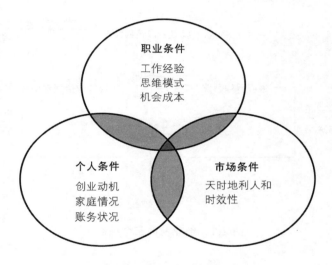

图 2.2　创业的三个条件

万事俱备，只欠创意

当巴里·诺尔斯决定辞职创业时，他已经积累了足够的工作经验和人脉关系。家庭方面，他太太也全力支持他创业。但是巴里与大多数创业者不同，虽然他知道大致的创业方向，但他缺少一个能打动自己的好点子。没有创意，他甚至无法评估市场条件，更别提创业了。他拥有有利的职业条件和个人条件，但是却找不到市场机会。于是巴里坐下来，用本章开头提到的方法，逐条分析他的优势和人脉资源，最后找到了适合自己的创意。

解决这个问题的另一种办法是找一位有创意的人合伙。我的另一位研究对象哈维尔·帕斯卡尔（Javier Pascal）是一位工程师，他有科研工作背景，但是他缺少好的创业点子。在一次 MIT 创业者俱乐部举办的活动上，他认识了詹姆斯·米尔默（James Milmo）。詹姆斯有许多科技创业的想法，但却苦于不懂研发技术。两人一拍即合，共同创办了 Lynx Solutions。

我没经验

蒂姆·韦斯特格伦有一个很好的创意，也有妻子的支持。他的个人条件和市场条件都很理想，机会已经在向他招手了。然而，蒂姆却迟迟不敢迈出这一步，因为他从来没有正式在一家公司工作过，他害怕自己缺少创业所需的职业技能和经验。他知道如何组建乐队和作曲，但是不知道如何创业。"开公司对我来说完全是一个神话，我连最基本的常识都不懂。"

这种情况在年轻的创业者身上很常见。解决这个问题的一个办法是有针对性地进行学习，参加相关的培训班和讲座，或者干脆找一份相关的工作，在实践中积累经验。另一个办法是前面提到的，寻找具有互补条件的人合伙创业。蒂姆后来认识了在硅谷有过创业经验的乔恩·克拉福特（Jon Kraft），乔恩具有蒂姆所缺少的职业技能。他们共同创办了 Pandora Radio。

当然，在决定是否引入新成员时，创业者应该仔细考虑这样做带来的隐患。这些内容将在本书第二部分和第三部分讨论。

家人反对

汉弗莱的家人一直反对他创业，他的问题似乎更难解决。职业条件和市场条件都可以改变，但是你没法更换家人，也无法向他人求助。他的新婚妻子塞西莉亚渴望稳定的生活，父母都希望他接受咨询师的工作。不久后，塞西莉亚怀上他们的第一个孩子，汉弗莱不得不暂时放下创业的念头，开始去微软上班。

在创业与家庭生活之间保持平衡不是一件容易的事。硅谷创业导师、《四步创业法》作者史蒂夫·布兰克（Steve Blank）回忆说，当年为了让自己心安理得地创业，他给自己找了四个借口，分别是：我是为了这个家才创业的；我太太理解我；一旦成功我就可以退休了；我会更珍惜与家人在一起的时间。后来他发现这一切都是自欺欺人。

汉弗莱遇到的情况并非没有妥协的解决方法，那就是利用业余时间创业，待时机成熟后再考虑辞去工作。这样的提议更容易被家人接受。选择兼职创业虽然稳妥，但也有不利的一面。首先，这样做有可能进一步加剧职业羁绊；其次，动作缓慢可能让创业者错过宝贵的市场机会。

　　下定决心创业无疑是令人兴奋的，但是未来还有不少困境等着创业者。接下来的章节将逐一分析创业者将面对的其他困难决定（它们都或多或少受到本章讨论过的决定的影响）。比如，年轻且缺少经验的创业者应该尽量设法与人合作（物色互补型的合伙人、寻找资深投资人、聘用有经验的员工等），这要求他们在一定程度上与他人分享控制权、决策权和财富。相对而言，经验丰富的创业者拥有更多创业所需的资本，因而有可能选择独自创业，即便是与人合伙创业，他们用来谈判的筹码也更多。不同的创业决定将会带来完全不同的结果。

注释
Notes

1. 参见 Higgins M.制作的纪录片《Building career foundations: Humphrey Chen》，哈佛商学院系列视频，No. 405-704。

2. 参见 Higgins M.和 Wasserman N.制作的纪录片《Humphrey and Cecilia》，哈佛商学院系列视频，No. 810-702。

3. 参见 Elfenbein D.W.、Hamilton B.H.、Zenger T.R.的文章《Entrepreneurial spawning of scientists and engineers: Stars, slugs and small firms》发表于 2009 年《St. Louis Working Paper》。

4. 参见 Gimeno J.、Folta T.B.、Cooper A.C.、Woo C.Y.的文章《Survival of the fittest? Entrepreneurial human capital and the persistence of underperforming firms》，发表于 1997 年《Administrative Science Quarterly》，42(4): 750–783。

5. 参见 Hsu D.、Roberts D.R.、Eesley D.的文章《Entrepreneurs from technology-based universities: Evidence from MIT》，发表于 2007 年《Organization Science》，6(3): 768–788。

6. 参见 Baum J.R.、Locke E.A.的文章《The relationship of entrepreneurial traits, skill, and motivation to subsequent venture growth》，发表于 2004 年《Journal of Applied Psychology》，89(4): 587–598。

7. 参见 Stewart W.H.、Roth P.L.的文章《Risk propensity differences between entrepreneurs and managers: A meta-analytic review》，发表于 2004 年《Journal of Applied Psychology》，86(1): 145–153。

8. 参见 Higgins M.和 Wasserman N.制作的纪录片《Humphrey and Cecilia》，哈佛商学院系列视频，No. 810-702。

9. 参见 Stam E、Thurik R、Van der Zwan P.的文章《Entrepreneurial exit in real and imagined markets》，发表于 2008 年《Tinbergen Institute Discussion Paper》，No. 08-031/3。

10. 该调查从不同的角度评估了不同创业动机的重要性。

11. 此次调查共调查了 27357 位对象，包括 1810 男性创业者，13939 位男性非创业者，404 位女性创业者，11204 位女性非创业者。

12. 参见 Gimeno J.、Folta T.B.、Cooper A.C.、Woo C.Y.的文章《Survival of the fittest? Entrepreneurial human capital and the persistence of underperforming firms》，发表于 1997 年《Administrative Science Quarterly》，42(4): 750–783。

13. 参见 Aldrich H.和 Ruef M.所著《Organizations Evolving(2nd edition)》，SAGE 出版社 2006 年出版。

14. 创业者的思维模式还受到创业导师和专家的建议，以及读过的创业文章的影响。

15. 参见 Beckes-Gellner U.、Moog P.M.的文章《Who chooses to become an entrepreneur? The jacks-of-all-trades in human and social capital》，发表于 2008 年《University of Zurich Working Paper》。

16. 参见 Shane S.所著《Illusions of Entrepreneurship》，耶鲁大学出版社 2008 年出版。

17. 参见 Meyer G.D.、Dean T.J.的文章《Upper echelons perspective on transformational leadership problems in high-technology firms》，发表于 1990 年《Journal of High Technology Management Research》，1(2): 223–242.

18. 参见 Amar Bhide 所著《The Origin and Evolution of New Businesses》，牛津大学出版社 2000 年出版。

19. 参见 Hambrick D.C.和 Mason P.A.的文章《Upper echelons: The organization as a reflection of its top managers》，发表于 1984 年《Academy of Management Review》，9: 193–206。

20. 参见 Shane S.所著《Illusions of Entrepreneurship》，耶鲁大学出版社 2008 年出版。

21. 参见 Walsh J.P.的文章《Managerial and organizational cognition: A trip down memory lane》，发表于 1995 年《Organization Science》，6(3): 280–321。

22. 参见 Bruderl J.、Preisendorfer P.、Ziegler R.的文章《Survival chances of newly founded business organizations》发表于 1992 年《American Sociological

Review》，57(April): 227-242。

23. 参见 Davidsson P.、Honig B.的文章《The role of social and human capital among nascent entrepreneurs》，发表于 2003 年《Journal of Business Venturing》，18: 301-331。

24. 参见 Baron R.A.、Ensley M.D.的文章《Opportunity recognition as the detection of meaningful patterns: Evidence from novice and experienced entrepreneurs》，发表于 2006 年《Management Science》，1331-1344。

25. 参见 Elfenbein D.W.、Hamilton B.H.、Zenger T.R.的文章《Entrepreneurial spawning of scientists and engineers: Stars, slugs and small firms》发表于 2009 年《St. Louis Working Paper》。

26. 参见 Blanchflower D.G.、Oswald A.J.的文章《What makes an entrepreneur?》，发表于 1998 年《Journal of Labor Economics》，1(1): 26-60。

27. 参见 Bruderl J.、Preisendorfer P.、Ziegler R.的文章《Survival chances of newly founded business organizations》发表于 1992 年《American Sociological Review》，57(April): 227-242。

28. 参见 Wadhwa V.、Aggarwal R.、Holly K.、Salkever A.的文章《The anatomy of an entrepreneur: Family background and motivation》，发表于 2009 年 7 月《Kauffman Foundation Research Paper》。

29. 参见 Bhide A.的文章《How entrepreneurs craft strategies that work》，发表

于 1994 年《Harvard Business Review》，72(2): 150-161。

30. 参见 Cooper A.C.、Woo C.Y.、Dunkelberg W.C.的调查报告《Entrepreneurs' perceived chances for success》，调查结果发表于 1988 年《Journal of Business Venturing》，3: 97-108。

31. 参见 Busenitz L.W.和 Barney J.B.的文章《Differences between Entrepreneurs and managers in large organizations: Biases and heuristics in strategic decision-making》，发表于 1997 年《Business Venturing》，12(1): 9-30。

32. 参见 Hmieleski K.M.和 Baron R.A. 的文章《Entrepreneurs' optimism and new venture performance: A social cognitive perspective》，发表于 2009 年《Academy of Management》，52(3): 473-488。

第二部分
创业团队的窘境
FOUNDING TEAM DILEMMAS

决定创业之后，创业者还要面临一系列困难抉择。首当其冲的问题是：独自创业，还是与人合伙？这个问题将在第 3 章讨论。

如果选择与人合伙创业，就不得不考虑与谁合伙，每个合伙人扮演什么角色，以及如何分配股份的问题。我将这三个问题称为 3R：关系（relationship）、角色（role）和报酬（reward）。第 4 章到第 6 章将着重讨论 3R 问题。第 7 章则对 3R 问题的内在关系进行了总结。

从 2006 年开始，我加大了对创业团队的调查力度，第二部分将向读者展示我的调查数据和我发现的规律。这些数据来自 1542 个创业团队，涉及 4232 位调查对象，其中 88% 的公司创立于 1998—2008 年。本书附录 C 记录了详细的调查方法和调研范围。

第 3 章
独自创业还是与人合伙
The Solo-Versus-Team Dilemma

决定创业后，创业者面临的第一个问题是"独自创业，还是与人合伙创业"。这可不是一个小问题。本该与人合伙却选择独自创业的人很容易失败；而本该独自创业却选择与人合伙的人将不得不面对紧张的团队关系。

我所掌握的数据表明，在具有高发展潜力的行业里只有 16.1% 的人选择独自创业。其中 IT 产业的比例是 17.5%，而生物技术产业的比例是 11.7%（见图 3.1）。超过 1/3 的公司有两位创始人，约 1/4 的公司有三位创始人。是什么原因让他们做出这样的选择呢？

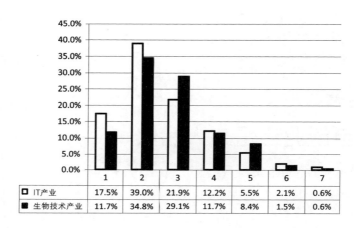

图 3.1 创始团队的人数

独自创业

选择独自创业的原因主要有以下几点：创始人想把决策权牢牢控制在自己手里；创始人认为自己拥有足够的资源，不需要他人的协助；创始人不想让公司发展过快。亚瑟·斯汀康比在他的经典论文中指出，创业团队都要面临三个内部问题，即团队成员的工作关系、角色定位，以及利益分配[1]。这三个问题无疑也会增加创始人与人合伙创业的顾虑。

Masergy 通信公司的创始人巴里·诺尔斯（Barry Nalls）相信自己积累了足够的资源，而且能够独立做出判断。他已经为 GTE 工作了 25 年，积累了丰富的项目开发、团队管理以及市场销售的经验。离开 GTE 后，巴里加入了一家创业公司，但很快因与 CEO 不合而离职。经过这件事后，巴里决定独自创业。巴里绝不是唯一一个决定独自创业的人，在我调查的所有对象里，有 26% 的人选择了独自创业[2]。

巴里的决定还受到了家庭的影响。他的爷爷和爸爸都认为合伙做生意不靠谱，他们一生都保持着独立私营业主的身份。巴里从他们那里学到的经验是：信息可以共享，但决策权不能共享。巴里说："即使我要找一位助手，他也只负责具体的运营工作。"

有些创始人有着比巴里更强烈的控制欲，对这些人来说，独自创业是唯一的创业途径。葡萄糖胺口服液的发明者，Joint Juice 公司的创始人兼 CEO 凯文·斯通（Kevin Stone）博士说："创业对我来说完全是一项个人活动，我要做的是不断激励我的员工。"

还有两类人容易选择独自创业。一类人希望完全控制公司的股权；另一类人则打算先单干，等公司走上正轨后再招聘员工。图 3.2 展示了大多数人面对这个问题时的选择方式。

任何选择都既有利也有弊。从短期来看，选择独自创业可以回避一些困难，似乎更容易。然而，并不是所有人都像巴里一样有着丰富的经验和人脉。从长远来看，选择独自创业将面临更大的风险,甚至彻底失败。比如,有些创业者把控制权看得比公司的发展更重要,导致公司的运营举步维艰。

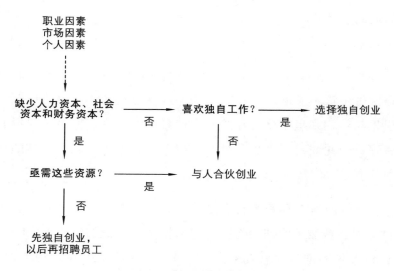

图 3.2　是否选择独自创业

俗话说,一个好汉三个帮,大多数创业者还是会选择与人合伙创业。

与人合伙

尽管独自创业相当诱人,但很多人还是选择了与人合伙创业。最主要的原因是普通创业者手上的资源有限,必须与人合伙才能获得第 2 章提到的创业所需的三种资本。

人力资本 创始人需要与具备不同教育背景和工作经验的人合作，才能解决创业过程中遇到的各种问题。拥有技术背景的创始人通常缺少市场营销、销售、财务方面的知识。缺少行业经验的创始人往往会犯一些低级的错误。通过合伙创业，实现能力互补，创业者可以更好地应对挑战、规避风险。

社会资本 是指社交网络、人脉资源，以及由此带来的有用信息。成立一家公司需要各种社会资本，最典型的需求是寻找技术人才和投资。如果创始人自己不具备足够的社会资本，可以考虑与具备相应资源的人合伙创业。

财务资本 是指创业所需的资金和有形资产。如果创始人缺少足够的财务资本，也可以考虑与人合伙创业，从而获取更多的财务支持。

只要想象一下创业的过程，就不难理解这三类资本的重要性。假设你要生产一款医疗设备，想想要完成哪些任务？研发、测试、申请相关专利、解决法律纠纷、找保险公司承保、制订市场营销计划、说服医院购买产品、为产品提供售后服务，等等。如果缺少这三类资本，所有这一切都是不可想象的。与人合伙创业，无疑是解决资源不足问题的最有效途径。

以 Pandora Radio 的创始人蒂姆·韦斯特格伦为例。虽然他靠组建乐队和为电影作曲赚了一些钱，但他对软件开发一无所知。而且他从来没有做过一份正式的工作，完全不懂公司的经营和管理，更别提独自创办一家公司了。他只有与人合伙创业，才能弥补自己在人力资本和社会资本方面的不足。

除了为了整合以上三种资本，个人喜好和情感需求也会成为某些创始人选择与人合伙创业的原因。这类原因大致可以分成以下两类。

个人喜好 每个人都有喜欢和擅长做的事。独自创业将不得不身兼多职，做一些自己不喜欢做的事。Smartix 的创始人维韦克·库勒虽然做过软件工程师和需求分析师，有能力开发网上订票系统，但他更希望集中精力拓展公司业务，所以他找来一位前同事负责订票系统的开发工作。

害怕孤独 有些人天生需要陪伴和鼓励，忍受不了独自一人承担工作任务。Ockham Technologies 公司的创始人吉姆就属于这种情况。他和创业伙伴迈克连续工作了 6 个月，终于拿下了 IBM 的合同。吉姆后来回忆说："那段时间我俩相互鼓励，每个周末都在办公室加班。那真是很难忘的经历。"

尽管大多数人都选择了与人合伙创业，但这并不代表合伙创业就没有风险。下面我们来看看合伙创业的不利一面。

合伙创业的风险

每增加一位合伙人,都会增加沟通成本,从而有可能降低工作效率,间接增加创业的风险。正如斯汀康比在论文中强调的:团队规模越大,协作成本越高,内部矛盾也就越多。

此外,增加合伙人还有可能降低其他人的经济收益,这种情况在引入同质化的合伙人时显得尤为突出[3]。投资人社交网站 UpDown 的创始人迈克尔·瑞奇(Michael Reich)邀请两位 MBA 同学沃伦和乔治一起创业。这两人的能力、经验、人脉资源都与迈克尔相似。由于三个人都不懂软件开发,迈克尔又不得不邀请工程师普克·图隆(Phuc Truong)加入创业团队。后来团队在分配股权时产生了意想不到的纠纷。

有些创始人高估了合伙人的价值,而忽略了合伙人带来的潜在问题和风险。为了降低风险,每一位新合伙人都应该为团队做出实际贡献(比如填补团队的职位空缺),达到利大于弊的效果。第 4 章至第 7 章还将进一步讨论这个话题。

除了以上讨论的这些内容,还有一类客观因素会影响"与人合伙还是独自创业的决策",那就是环境因素。

环境因素

创业公司所处的行业环境也会影响创业者的决策。有些行业适合独自创业，而有些行业则适合团队作战。竞争激烈且先发优势明显的行业（比如互联网行业）要求创业者分秒必争，快速推出产品赢得用户[4]。这就迫使创始人尽快找到优势互补的合伙人，加快公司发展速度。

行业环境越复杂，需要处理的信息就越多，创业需要的人手就越多[5]。市场变化瞬息万变，创业者必须随时根据收集到的信息调整发展策略[6]。大团队在这方面的优势在于：(a)能够挖掘出更多深层次的信息；(b)经过分析修正更多的错误；(c)提出更多的备选方案；(d)能够从更广阔的视角剖析问题。在环境复杂的行业里，较大的创业团队能够获取更多资源，拥有更大的成长空间，因而更易于存活下来[7]。

我重点调查的 IT 产业和生物技术产业都不太适合独自创业，在这两个行业里，独自创业的案例比较少。即使有独自创业的情况，一般也是提供咨询和培训服务。独自创业在一些门槛较低的传统行业和小本生意里更常见[8]。

如果创业者决定与人合伙创业，那么接下来还有一个问题值得注意，那就是合伙人的头衔问题。

合伙人的头衔

人们通常认为创业合伙人应该是较早加入公司的,实际上并非如此。有些公司的合伙人是在公司成立一段时间后才加入的[9]。例如,一家电子邮件公司的创始人兼 CEO 告诉我:"对我来说,合伙人的称呼只是象征性说明对方在某项工作中的关键作用。只要是某个职能领域的带头人,哪怕是公司第 10 号员工,我也愿意把他称作合伙人。授予合伙人头衔是我吸引人才的一种方式。"

然而,随意授予合伙人头衔是有风险的。因为一旦被授予合伙人头衔,人就会自觉高人一等。如果有一天这个人不再适合自己的工作岗位,请他下岗就比解雇普通员工困难得多。

投资人杰夫·巴斯冈(Jeff Bussgang)把创业描绘成由三个阶段组成的历险:首先在广袤的丛林里摸索方向,然后披荆斩棘开辟道路,最后驶上高速公路加速前进[10]。第一阶段的员工很可能无法适应后两个阶段的工作而面临下岗甚至解雇。这是让许多创业公司头痛的问题。

UpDown 网站的创始人迈克尔在读商学院一年级时萌生了创业想法,他找来同学沃伦和乔治当合伙人。但是沃伦很快失去了兴趣,对项目贡献最小。为了开发网站,迈克尔和乔治需要招聘一位 CTO。他们找到了经验丰富的工程师普克。为了笼络普克，迈克尔让普克也成为合伙人并承诺给予期权激励。同时，迈克尔认为沃伦没有履行合伙人的义务，决定收回沃伦的期权，而这导致团队内部发生了严重的冲突。

创始人在授予合伙人头衔时应该谨慎，切不可轻率行事。这里我给出评估合格合伙人的几项指标。只有当对方符合大部分标准时，才能授予他合伙人头衔，否则最好把他当成普通员工对待。

- 对方是否参与了构思创意或贡献知识产权；
- 对方是否具备他人不具备的专业知识和特长；
- 对方在团队中是否起到了不可或缺的作用；
- 对方的工作能力和工作兴趣是否与自己形成互补；
- 对方是否具有基本的团队合作精神。

小结

选择独自创业还是与人合伙创业要根据每个人自己的实际情况来判断。任何选择都有利有弊，切勿盲目跟风，适合自己的才是最好的。

独自创业可以独揽大权，享受自由，但是面对困难却要孤军奋战。与人合伙创业虽然可以增强实力,但却面临着意见不统一、决策效率降低的问题。有些合伙人做出的错误决策会让公司付出昂贵的代价。此外,合伙人如何分配股份也是让人头痛的问题。

表 3.1 总结了两种选择的优势和劣势,并提供了规避风险的建议。

表3.1 两种选择的优势与劣势

选择	优势	劣势	规避风险的建议
独自创业	独享股权 拥有控制权 不存在沟通不畅、意见分歧的问题 无须激励他人	创业者必须自己获取创业所需的三种资本,有可能错过最佳创业时机,甚至导致创业失败 无法收集和处理复杂的信息 反应速度慢 缺少支持和鼓励	选择传统的、门槛较低的行业 做好充分准备,勿操之过急 多向有经验的人请教 任务外包
合伙创业	易于获取创业资本 提高收集和处理信息的能力 反应迅速 获得支持和鼓励	牺牲股权 权力下放 意见分歧、决策效率降低 合伙人需要激励	慎重选择合伙人 利用"试用期"充分了解对方的性格和工作作风 主持制定团队决策流程

选择合伙创业的创业者未来将面临更多复杂的选择。这些选择主要与 3R（关系、角色、报酬）问题有关。只有事先了解每种选择的优势和可能带来的风险，创业者才能做出合适的选择。接下来将具体分析 3R 问题。

注释

Notes

1. 参见 Stinchcombe A.L.的文章《Organizations and social structure》，发表于 1965 年《Handbook of Organizations》，153-193。

2. 数据来自 2006 年到 2009 年间，我调查的 1531 位创业者。

3. 参见 Hackman J.R.、Wageman R.、Ruddy T.、Ray C.R.的文章《Team effectiveness in theory and practice》，发表于 2000 年《Industrial and Organizational Psychology》，275-294。

4. 参见 Eisenmann T.R.、Parker G.、Alstyne M.V.的文章《Strategies for two-sided markets》，发表于 2006 年《Harvard Business Review》，84(10): 92-101。

5. 参见 Haleblian J.、Finkelstein S.的文章《Top management team size, CEO dominance, and firm performance: The moderating roles of environmental turbulence and discretion》，发表于 1993 年《Academy of Management Journal》，38(4): 844-863。

6. 参见 Eisenhardt K.M.、Bourgeois III L.的文章《Politics of strategic decision making in high-velocity environments》，发表于 1988 年《Academy of Management Journal》，31: 143-159。

7. 参见 Bruderl J.、Preisendorfer P.、Ziegler R.的文章《Survival chances of newly

founded business organizations》发表于 1992 年《American Sociological Review》, 57(April): 227–242。

8. 参见 Shane S.所著《Illusions of Entrepreneurship》,耶鲁大学出版社 2008 年出版。

9. 稍后我们将看到,这类创始人拥有的公司股份和对公司的控制权通常都较少。

10. 参见 Bussgang J.的著作《Mastering the VC Game》,Portfolio 出版公司 2010 年出版。

第 4 章
团队关系
Relationship Dilemmas

只要创始人决定与人合伙创业,那么无论他是否意识到,他都无法回避 3R 问题(见图 4.1)。本章讨论 3R 问题中的第一个问题,即创始团队的关系(Relation)。

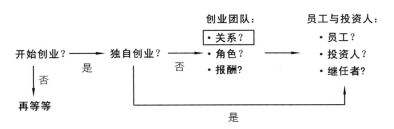

图 4.1 创业选择中的 3R 问题

创始人与合伙人的关系无外乎三种,可以用三个同心圆来表示:内圆是与创始人有直接联系的人,例如配偶、亲友、邻居、同事等；中间一圈是与创始人有间接联系的人，例如通过亲友、同事结识的人；最外圈是本来没有联系，通过特征匹配找到的人，例如有一技之长的应聘者，或者有共同兴趣爱好的人。

埃文·威廉姆斯（Evan Williams）尝试过各种合伙人。起初，埃文挑选的都是他最亲密的人。他的第一家公司主要从事直销业务，是他与父亲、兄弟，还有他当时的女友一起创办的。由于关系太亲密，团队从来没有讨论过角色定位，以及如何解决工作纠纷的问题。三年后公司倒闭。埃文回忆说："内部管理一团糟，就像失控的列车。"埃文的第二家公司 Blogger 是他与新女友梅格·胡里安（Meg Hourihan）一起创办的，梅格是公司的技术顾问。后来两人因为意见不合而决裂。

有了前两次的教训，埃文创办第三家公司 Odeo 时没有再找关系亲密的人，而是走向了另一个极端。他与网络音频工程师诺亚·格拉斯（Noah Glass）刚刚结识不久，就决定一起创业。这一次虽然避免了之前的麻烦，但又遇到了新的问题。稍后会进一步讨论这个问题。

除了创始人与合伙人的关系外，我还特别关注创业团队的人员构成，尤其是同质化的团队与多样化的团队孰优孰劣的问题。在讨论创始人与合伙人的关系问题之前，我觉得有必要先讲讲同质化与多样性的问题。

同质化与多样化

常言道：物以类聚，人以群分。有着相同的性别、种族、教育背景、工作经历的人更容易一起创业。这种同质化的现象在小公司里尤为常见。有统计表明，如果不考虑夫妻共同创业的情况，由相同性别的人（全是男性或全是女性）组成创业团队的概率是随机概率的 5 倍；而由同一民族的人组成创业团队的概率是随机概率的 46 倍，即使排除家庭关系的影响，同民族团队出现的概率仍然是随机概率的 27 倍[1]。

除了性别和民族，创业团队的工作经验也有趋同的现象。有些人可能认为创业团队的平均工作年限越长，人员组成就会越多样化，因为敢想敢干的年轻人需要经验丰富的人协助，而年长的创始人会偏爱那些热衷学习新技术、了解社交动态的年轻人。然而我的调查数据显示，除了毫无经验的团队外，其他团队都拒绝接受与自身经验相差太多（通常以 10 年为门槛）的人加入团队。无论是有 10 年工作经验的团队，还是有 29 年工作经验的团队，他们都倾向于招聘有相似工作经验的人。由此可见，同质化是创业团队中常见的一种现象。

同质化的短期优势

同质化的团队有很多短期优势。首先是容易组建团队,创始人很容易物色和评估与自己相似的人,因此组建一支同质化的团队所需的成本比较低[2]。

其次,同质化的团队有着某些共同的背景和知识,因而更容易沟通和交流,有利于快速形成稳定的工作关系和团队凝聚力[3]。

最后,彼此熟悉的团队成员在探讨不同的观点和意见时更加宽容,不会轻易决裂[4]。

相反,差异化越大的团队早期的发展就越困难。研究表明,创业团队成员的差异越大,早期的团队凝聚力就越差,爆发内部冲突的风险就越高[5]。

以社交网站 UpDown 为例。创始人迈克尔和乔治通过招聘找到软件工程师普克。他们邀请普克加入创始团队。迈克尔负责融资和扩展公司业务,乔治负责产品管理。普克则担任 CTO,负责开发产品。后来迈克尔对两位合伙人的工作不满意,他私下起草了一份股权修订协议,提高了自己的股份。这件事激怒了普克,他觉得自己承担着最重要、最紧迫的开发工作,却被严重低估了。他认为迈克尔不是程序员,不理解开发软件所要付出的时间和精力。而迈克尔则认为任何一位程序员都能代替普克完成工作，只有自己的工作是无法替代的。两人的工作背景差异导致双方无法理解对方的观点，从而引发了严重的冲突。

这种因为工作经验和知识背景不同造成的分歧在创业团队里并不少见，在创业最初的磨合期尤其容易产生冲突，严重时甚至会导致团队解散。而同质化的团队则较少出现这种情况，因此在最初阶段团队会比较稳定。

尽管组建同质化的创业团队具有短期优势，但从长远来看，它不一定是明智的做法。

同质化的长期风险

同质化的团队虽然有优势，但是也存在风险，而且这种风险往往需要一段时间才会显现出来。

首先，同质化的团队一般会存在"跛腿"现象，比如，某些工作大家都争着做，而另一些工作却无人能做。大家有着相同的特长，也有着相似的短板。这种不均衡的人员结构会影响公司的长远发展。

其次，同质化的团队往往缺少创新基因。一项针对硅谷科技企业的研究表明，拥有相同工作经历的创业团队更倾向于完善已有的产品和服务,比如建立规范化流程,提高利用效率等;而由不同工作经历的人组成的团队则更喜欢开发新型产品[6]。

最后,同质化团队的人脉关系往往比较单一,这也不利于公司的长远发展。多样化的人脉关系不仅更容易找到投资人,也更容易找到合作伙伴和优秀的员工。

电子票务公司 Smartix 的创始人维韦克·库勒选择和他的 MBA 同学一起创业。几个人有着相似背景、人脉、能力。然而,他们都没有在大型体育场馆和演出场所工作的经验。虽然他们很快就组建起了公司,但是在与体育场馆和演出场所接触的过程中,他们才发现自己缺少行业经验,不清楚体育场馆和演出场所的运营方式,甚至连对方提出的一些基本问题都回答不了。维韦克曾打算引入一位具有行业背景的合伙人,最后却由于担心无法评估对方的贡献而不了了之。

相反,Pandora Radio 的创始人蒂姆·韦斯特格伦则有意寻找与自己不一样的合伙人。蒂姆明白,虽然他做的是音乐产品,但是公司成败的关键在于商业化。他自己既不懂技术,也不懂管理,需要有经验的人协助。通过朋友引荐,他先后找到了有经验的 CEO 和 CTO。蒂姆回忆说,组建创业团队远比组建一支乐队更费时间和精力。虽然蒂姆在寻找合伙人这件事上花的时间比维韦克多,但是事后证明他的决定是正确的,多样化团队的潜力在后期逐渐显现出来。

硬性因素与软性因素

到目前为止,我讨论的都是硬性因素,比如行业背景、工作技能、工作年限、人脉等,这些因素大致可以通过阅读简历或面试了解到。但是还有一些东西不那么容易评估,比如性格、价值观、风险承受能力、责任感等。我把这些东西称为软性因素,它们同样影响着团队的稳定性和实力。

如果团队成员有着相似的价值观、工作习惯、风险承受能力,那么公司的长远发展就更稳定。反之,公司的发展就难免遇到波折,甚至随时面临散伙的风险。

苹果公司的两位创始人史蒂夫·沃兹尼亚克（Steve Wozniak）和史蒂夫·乔布斯（Steve Jobs）既是好朋友,也是能力互补的搭档。沃兹尼亚克擅长技术研发,乔布斯擅长产品营销。

然而,两个人有着不同的价值观。沃兹尼亚克注重个人修养,而乔布斯精于算计。沃兹尼亚克喜欢解决纯粹的技术问题,而乔布斯则关心如何从中盈利。沃兹尼亚克回忆早年在超市打工的经历时非常愉快,称自己像梦游仙境的爱丽丝,而乔布斯觉得那简直不堪忍受，因为薪水少得可怜[7]。

沃兹尼亚克做人的准则是"诚实守信，从不撒谎"。而乔布斯为了达到目的可以置道义于不顾，甚至不惜欺骗朋友[8]。不同的价值观让两人的关系变得越来越紧张，最终破坏了彼此的信任和友谊。

如果团队成员在价值观、风险承受能力、责任感上有着较大的差异，那么在关键决策上就很容易发生意见分歧。这类决策包括如何分配股权，选谁当CEO，是否需要融资，是否出售公司业务等，不胜枚举。

尽管软性因素不容易评估，但是并非毫无办法。人们经常把物色合伙人比喻成寻找婚姻伴侣。"找对象"的方法都可以用来找合伙人。首先，不要轻信对方的"甜言蜜语"，多从其他途径了解对方的情况，比如向熟悉对方的人（以前的同事等）打听他的情况。其次，不要急于确定关系，先试着相处一段时间，合则聚，不合则散。如果做到这两点，就能极大地降低"遇人不淑"的风险。

综上所述，组建创业团队应该同时注意硬性因素和软性因素两个方面。团队成员的行业背景、工作技能、人脉关系等硬性因素应该尽量多样化，而成员的价值观、工作习惯、风险承受能力、责任感等软性因素则应该尽量相似（同质化）。简言之，技能互补、价值观一致的人更容易组成高效的创业团队。

讨论完团队成员的同质化与多样性的问题后,让我们再回到创始人与合伙人的关系问题上来。

创始人与合伙人的关系

常见的创始人与合伙人的关系有以下几种:亲友、同学、前同事、通过招聘认识的人。通过招聘找到创业合伙人的可能性比较低,因此我将重点讨论与亲友、同事、同学一起创业的情况。

亲戚朋友

与亲朋好友一起创业是一种很常见的现象。我的调查数据显示,40%的创业团队中存在朋友关系(即创业之前就是朋友),而17.3%的团队中存在亲属关系。显然,选择与亲友一起创业有许多的便利,比如知根知底、相互信赖、易于沟通等。

与亲友一起创业的现象虽然非常普遍,却不一定是明智的选择,其风险甚至比一般的同质化团队更高。我与同事马特·马克思(Matt Marx)一起调查了近400个创业团队。我们将创始人与合伙人的关系按照由强到弱划分为家人、朋友、同事、熟人、陌生人。调查结果表明,亲戚朋友一起创业会导致团队解散的风险增加28.6%,甚至还不如陌生人组成的团队稳定[9]。

波士顿风险投资公司的汤姆·麦克马努斯(Tom McManus)说:"我一向反对亲友一起创业。和朋友一起创业的人最后不是失去公司,就是失去朋友,甚至两头落空。亲属一起创业的公司我连一毛钱都不会投。"

为什么和亲戚朋友一起创业风险这么高?第一,亲友一起创业往往会面临前面提到的同质化团队存在的问题。第二,创业需要极强的自我激励能力和自制力,要比一般的工作付出更多努力,而一般的亲友都达不到这种要求。第三,亲友往往对一起创业抱有过高的期望,而低估了可能遇到的风险。陌生人一起创业会仔细考虑商业模式的可行性和自己面临的风险,但是亲友却常常因为彼此信任而跳过这一步。第四,亲友之间碍于面子,往往不愿意明确讨论与职责、利益有关的话题,而遇到问题和分歧又往往采取回避、搁置的处理方式。这样做不但不能解决矛盾,反而会加深矛盾,最后甚至有可能导致亲情和友情破裂。

当然,我不是说亲友不能一起创业。只要充分认识到以上这些可能存在的问题,提前采取措施,就能规避风险,从而组成稳定的团队*。稍后我会讨论相应的预防策略。

同事同学

我与同事马特的调查结果表明，由前同事组成的创业团队是所有组合里最稳定的。与亲友关系相比，同事关系更容易转化成合作伙伴关系。这是因为公司的人事关系与亲友关系截然不同，比如常见的上下级关系就很难与平等的友谊关系相容；而平等的工作关系也难免与亲属的辈分关系产生冲突。所以亲戚朋友必须（至少在工作场合下）忘掉原有关系，才能建立起正常的、规范的工作关系。而同事一起创业就不会存在这种障碍。

风险投资人蒂姆·康纳斯（Tim Connors）指出："同事一起创业，并且选择与原来的工作密切相关的领域，这样的组合是最棒的。大家熟悉彼此的工作方式，也更容易做到坦诚相待。"

Ockham Technologies 公司的创始人吉姆与合伙人迈克以往就是同事。两人在工作上配合默契，这也是他们决定一起创业的原因之一。创业遇到困难时，两人可以坦诚地沟通交流，

---

* 这并不是说人员变动都是坏事。如果合伙人不能适应工作要求，或者跟不上公司的发展，那么他离开公司对大家来说都是一件好事。另一方面，研究表明人员构成长期无变化会降低团队的创新能力，而新成员加入有可能改善这种局面。

共同解决问题,就像以前做同事时一样。此外,吉姆和迈克很容易就确定了如何分配股权。而如何分配股权是亲友一起创业时最让人头痛的问题,比如乔布斯和沃兹尼亚克就一直回避讨论它。

研究表明,团队成员在一起工作的时间越长,大家就越团结,解散的风险就越低[10]。有时创始人之间会随着公司的发展建立起深厚的友谊。这种"由合伙人变为朋友"的关系与"由朋友变成合伙人"完全不同。约翰·D.洛克菲勒说过:"做生意时交到朋友是一件美事,而朋友一起做生意可能引发血案。"

同学一起创业情况又如何呢?普通同学关系与朋友关系非常相似,所以它也具有上面所说的这些问题。另外,同学的专业技能与人脉关系往往相互重叠,所以还有可能面临严重的同质化问题。

不过,由学校组织的各种活动和创业竞赛为学生提供了低风险的实践机会,来自不同专业的学生有可能在这里找到兴趣相同、能力互补的创业伙伴。这种情况就另当别论了。

企业礼宾服务公司 Circles 的创始人珍妮特和凯茜就是斯坦福大学的同学。她俩一起策划和组织了多次校园活动,比如 MBA 新生秀、校友捐赠会等,渐渐发现彼此配合得非常默契。在决定合伙创业之前,两个人反复了讨论过彼此的理想、各自的优势和劣势、角色定位、财务风险等问题。开诚布公的讨论让她俩避免了朋友一起创业的常见问题。

总之，同学并不是最佳的创业伙伴。除非大家在校期间积极参加实践活动、相互磨合，并且主动讨论敏感问题，否则同学一起创业也会面临朋友合伙创业的所有风险。

分析了亲友、同学一起创业的风险，我们以埃文·威廉姆斯为例，看看这种风险会有什么样的代价。

关系破裂的代价

创始人与合伙人的关系越亲密，关系破裂的代价就越高。一旦合伙关系破裂，原来的关系也很难再维持了。埃文·威廉姆斯对此深有体会，他十分后悔与女友一起创业。当女友梅格提出想帮助他创办 Blogger 时，两人的恋爱关系正处于甜蜜期，他想都没想就答应了。刚开始创业时，两人很高兴可以在一起工作，共同憧憬美好的未来。但是互联网泡沫破灭后，现实变得非常残酷，公司一直没有稳定的营业收入，开不出员工的工资，几乎难以为继，两个人都承受了巨大的压力。梅格提议寻找机会出售公司，她的提议得到了大部分员工的支持，但是埃文坚决反对这样做。埃文和梅格为了争夺 Blogger 的控制权闹得不可开交，最后两人不但分道扬镳，还为此打起了官司。但是让埃文痛苦的还不仅于此。

埃文回忆说:"公司维持不下去时,我感觉自己就要崩溃了。因为我的工作和私生活完全交织在一起,我的合伙人是我女友,我的员工都是我的朋友。但是大家都站在梅格一边,支持她当CEO,希望卖掉公司。最困难的时候,我身边甚至找不到一个可以诉苦和寻求安慰的朋友,他们现在都是我的员工。更糟糕的是,我发现我的室友正在跟梅格约会。他虽然不在Blogger工作,可他哥哥是我的员工。而他哥哥是最早闹着要离职的。这些人以前都是我最亲密的朋友,现在大家都躲着我。突然之间,我觉得所有人都在排斥我!"

与亲友一起创业就像一把双刃剑。一方面,大家相互信任,期望值也很高。另一方面,如果发生冲突,这种冲突会延伸到下班以后。一位经验丰富的投资人见过许多类似的纠纷,他对我说:"朋友反目还不是最糟的,亲属闹矛盾才让人头痛。家人又不能辞退!"

我的建议是,首次创业的人如果不希望自己的私生活变得一团糟,最好不要轻易与亲友一起创业。

坦诚对话的可能性

创业团队总会遇到一些团队成员不愿意讨论,却又不得不面对的问题,比如角色定位、利益分配等。人们把这类无法回避的敏感问题形象地比喻成"屋里的大象(the elephant in the room)"。

我的调查结果表明,团队成员的关系会影响讨论"大象问题"的可能性。由同事组成的创业团队讨论这类问题的障碍最低,因为他们在以往的工作中解决过类似的问题。其次是陌生人组成的团队,因为大家交往不深,所以讨论这类问题不存在情感负担和心理障碍。最不愿意讨论这类问题的是亲友组成的团队。

为了维持亲密关系,亲友之间总是回避讨论敏感问题,以避免发生争执和冲突。他们担心讨论这类问题会引发信任危机,进而让彼此产生疏离感。如果某项决定会影响私人关系,创始人就会迟疑不决,希望问题会自动消失。比如某位亲友无法胜任工作,正常的解决办法是将其降职,但创始人常常碍于情面迟迟不愿意指出来,反而希望对方能够自己做出改变。这是人之常情,遇到类似的问题,大家都想做老好人,谁都不想捅破那层窗户纸。

显然,创始人的这种担心会妨碍他做出正确的决定,进而影响公司的发展。来自中国的连续创业者郭蓓(音译)谈到自己与朋友一起创业的经历时说:"我们是最要好的朋友,99%的问题都可以坦诚沟通,但是总有1%的问题,我担心说出来会伤害对方。而恰恰是这1%的问题影响了公司的成长和我们的关系。"

沃兹尼亚克回忆他与乔布斯创办苹果公司时说:"一想到要与最好的朋友一起创业,我就很兴奋。我怎么可能拒绝呢?"但是两人碍于情面,始终回避讨论"大象问题"。比如,沃兹尼亚克是公司的1号员工,乔布斯是2号员工,乔布斯对此耿耿于怀,他一直盘算着把自己的工号改成0号。另一方面,沃兹尼亚克认为公司过于重视乔布斯的 Lisa 团队,而忽视自己的 Apple II 团队。两人对彼此有意见,却回避通过沟通解决问题。

两人的价值观也不一样,乔布斯认为产品的商业价值高于技术价值,而沃兹尼亚克则不太考虑一项新技术的商业潜力。这些问题在两人合作期间一直没能解决。公司表面上看起来风平浪静,但是私底下两人的关系越来越紧张[11]。

此外,沃兹尼亚克也不认同公司的奖励机制,尤其是期权激励策略——有些员工拿到了期权,有些员工却没有拿到,但是沃兹尼亚克不愿与乔布斯商讨解决办法,而是偷偷地将自己的股票以极低的价格卖给身边的同事。

最让沃兹尼亚克不能忍受的是乔布斯的人品。乔布斯曾向沃兹尼亚克隐瞒了出售 Atari 游戏主板的价格,那块游戏主板是沃兹尼亚克熬夜开发的。"事后我才知道乔布斯没有把实际收入告诉我，他欺骗了我。我很难过，要知道他是我最要好的朋友，我曾经那么信任他！"一次又一次回避坦诚沟通使得他们的积怨越来越深，最终导致两位昔日好友分道扬镳。

关系危险程度

以上讨论的两个因素（关系破裂的代价、坦诚对话的可能性）可以用来衡量创业团队的关系危险（playing-with-fire）程度。图 4.2 粗略地展示了不同的团队的关系危险程度，其中实线代表关系破裂的代价，虚线代表坦诚对话的可能性。实线与虚线的间距代表关系的危险程度，间距越大，危险程度就越高。从图中可见，实线的最低点出现在中间，说明陌生人关系破裂的代价最低，而虚线最高点出现在最右侧，说明同事坦诚对话的可能性最高。

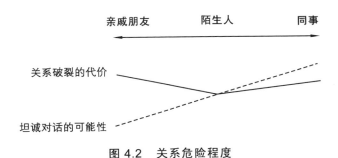

图 4.2　关系危险程度

亲友一起创业的危险程度最高,因为一旦关系破裂,他们付出的代价最高,而他们坦诚对话的可能性又最低,两者差距最大。陌生人一起创业的危险程度处于中等水平,因为他们关系破裂的代价最低,而坦诚对话的可能性比亲友的高。同事一起创业的危险程度最低,虽然同事间关系破裂的代价比陌生人的高,但是同事坦诚对话的可能性最高,所以达到了较好的平衡*。

降低亲友一起创业的风险

虽然亲友一起创业的风险很高,但是只要采取必要的措施,就可以将风险降低到可以接受的程度。

保姆网站 Sittercity 的创始人吉纳维芙·西尔斯与她的男友丹·拉特纳的做法就很值得借鉴。丹的家庭有经营家族企业的经验,他本人也曾与姐姐一起创业,他比首次创业的吉纳维芙更清楚如何处理敏感问题。在答应辞职帮助吉纳维芙创业之前,丹就与吉纳维芙达签订了协议,他俩戏称为"日内瓦公约"(日内瓦与吉纳维芙发音相近)。其中一条协议约定,如果两人在工作上发生分歧,必须将问题写成邮件群发给整个团队,请大家

---

* 事实上,同事一起创业的危险程度有可能为负,因为坦诚对话的可能性有可能超过关系破裂的代价,见图 4.2 右侧。

一起讨论。这样做一方面强迫两人面对敏感问题，而不是采取回避的态度；另一方面迫使他俩以冷静、专业的态度讨论问题，避免私人情绪影响工作。为了将工作与私人生活分开，甚至有一条协议规定，如果两人在工作上发生不可调和的矛盾，吉纳维芙有权要求丹离开公司。

前面一条协议实际上起到了提高图4.2中左侧虚线的作用，而后面一条协议起到了降低左侧实线的作用。两方面的努力降低了这对情侣一起创业的风险。

此外，丹对自己在公司中的定位有着很清醒的认识：公司是吉纳维芙创办的，自己是来帮助她的。他从不以创始人的男朋友自居。还没加入公司之前，他就努力和公司员工搞好关系。吉纳维芙回忆说："丹辞掉工作加入Sittercity时，一切都显得非常自然，因为他早就融入了团队。"

我的另一位调查对象聘请自己的母亲为公司制订营销计划。为了避免工作和私人生活相互干扰，他让妈妈向另一位合伙人汇报工作。我觉得这不失为一个好办法。除此以外，亲友一起创业的团队通常还会邀请有经验的顾问担任仲裁人，请他们以第三方的身份主持讨论问题和调解矛盾，从而帮助团队打破僵局，走出困境。我认为这些都是值得尝试的方法。

总之，对于决定与亲友一起创业的人，我有如下几条建议。

降低期望 亲友一起创业,并不比其他团队有优势。尤其要避免熟人抱团的盲目乐观。

采取隔离措施 如果条件允许,应当避免亲戚或好友在同一个部门工作或者负责相同的业务。这样做的目的是将私人关系和工作隔离开。

约法三章 事先做最坏的打算,并签订协议。如果发生不可调和的矛盾,如何处理?谁拥有最终裁决权?如果有人要离开公司,给予什么样的补偿?

将问题公开化 工作中竭力做到公开透明。强迫大家把敏感问题摆到台面上来讨论,建立有效的机制来促进交流,而不是消极地回避矛盾。

引入仲裁机制 为了避免私人感情影响判断,可以让所有团队成员参加讨论问题,就像 Sittercity 团队那样。这样做可以让当事人更客观地考虑问题。也可以邀请顾问担任仲裁人*。

---

* 风险投资人杰夫·巴斯冈特别指出,为了保证客观公正,仲裁人最好不要由公司的投资人或董事会成员担任。

注释

Notes

1. 参见 Ruef M.、Aldrich H.E、Carter N.的文章《The structure of founding teams: Homophily, strong ties, and isolation among U.S. entrepreneurs》，发表于 2003 年《American Sociological Review》，68: 195-222。

2. 参见 Baker T.、Miner A.S.和 Eesley D.T.的文章《Improvising firms: Bricolage, account-giving, and improvisational competencies in the founding process》，发表于 2003 年《Research Policy》，32: 255-276。

3. 参见 Aldrich H.和 Ruef M.所著《Organizations Evolving(2nd edition)》，SAGE 出版社 2006 年出版。

4. 参见 Hambrick D.C.和 Mason P.A.的文章《Upper echelons: The organization as a reflection of its top managers》，发表于 1984 年《Academy of Management Review》，9: 193-206。

5. 参见 Amason A.C.的文章《Distinguishing the effects of functional and dysfunctional conflict on strategic decision making: Resolving a paradox for top management teams》，发表于 1996 年《Academy of Management Journal》，39: 123-149。

6. 参见 Beckman C.的文章《The influence of founding team company

affiliations on firm behavior》，发表于 2006 年《Academy of Management Journal》，49(4): 741–758。

7. 参见 Wozniak S.的自传《iWoz: Computer Geek to Cult Icon: How I Invented the Personal Computer, Co-Founded Apple, and Had Fun Doing It》279 页，Norton 出版社 2006 年出版。

8. 同上，参见书中第 12 页、第 43 页、第 147 页。

9. 参见 Wasserman N.的文章《Don't wait too long to become an entrepreneur》发表于 http://blogs.hbr.org/cs/2008/09/dont_wait_too_long_to_become_a.html。

10. 参见 Eisenhardt K.M.、Schoonhoven C.B.的文章《Organizational growth: Linking founding team, strategy, environment, and growth among U.S. semiconductor ventures, 1978–1988》发表于 1990 年《Administrative Science Quarterly》，35: 504–529。

11. 参见 Lencioni P.的著作《The Five Dysfunctions of a Team》，Jossey-Bass 出版社 2002 年出版。

第 5 章
角色划分与决策
Positions and Decision Making

许多创业团队为了争夺 CEO 的位置闹得不可开交，或者在关键决策问题上争执不下。Blogger 和 Odeo 的创始人埃文·威廉姆斯就经历了这一切。Blogger 刚成立时，埃文坚持要做 CEO，他的女友梅格·胡里安同意担任副总监。为了维持公司的运营，两人轮流在惠普打工，用赚来的钱作为启动资金。表面看起来很和谐，可结果却很糟糕。两人在公司的战略方向上产生了严重的分歧。梅格希望 Blogger 为企业服务，而埃文觉得 Blogger 应该成为自由的开放平台，让每个普通人都可以发表博客文章，畅所欲言。当时公司的现金流紧张，为企业服务可以尽快赚到钱，公司员工都站在梅格一边。埃文在公司内处于一种孤立的状态。梅格认为埃文的领导使公司陷入了困境，应该引咎辞职，由她来担任 CEO。两个创始人的矛盾逐渐激化，最终导致公资金断裂,员工纷纷离职。最后,梅格也愤然离去,留下埃文独自一人守着他的愿景。

等到埃文恢复元气后,他表现出强烈的想要完全掌控公司的愿望。他不再物色合伙人,只招募短期员工,并且拒绝分给他们股票。最后他以 1000 万美金的价格将 Blogger 卖给了 Google。随后,埃文用出售 Blogger 获得的部分资金创办了播客网站 Odeo。这一次,他选择与一位刚结识的工程师诺拉·格拉斯(Noah Glass)合伙。为了避免重蹈覆辙,一开始两人就明确了角色分工——诺拉担任 CEO,埃文担任公司顾问。但是随着公司业务逐渐走上正轨,埃文开始全身心投入其中,结果又一次陷入了争夺 CEO 的斗争。

发生在埃文身上的事绝非特例。在创业者面临的所有选择中,角色定位问题是影响范围最广,也最复杂的问题。本章将讨论创业者应该如何给自己定位,以及他们有哪些选择。我们将通过案例分析,比较每种策略的优劣及其对创业团队的影响。

谁想要 CEO 的头衔

CEO 头衔有多重要?有些创业者说:"我不在乎头衔。"然而像埃文与合伙人那样为了 CEO 头衔争得不可开交的情况并不少见。头衔或多或少代表了一定的权力[1]。对公司以外的人来说，头衔有着丰富的象征意义，有时远远超出当事人的想象。选谁当 CEO 往往是创业团队争执不下的问题。

虽然有些创始人不要 CEO 头衔，比如，科研型的创始人可能选择首席科学家（CSO），技术型的创始人可能选择首席技术官（CTO），但是大多数创始人都想成为 CEO。没当上 CEO 的创始人会抱怨自己没有得到应有的重视。Zondigo 的创始人弗兰克·阿丹特（Frank Addante）回忆说："我想干一番属于自己的事业。我渴望成为带头人，而不是跟随者。我想证明自己有能力接受挑战，战胜困难，带领团队占领市场。我的这种个人愿望非常强烈。"弗兰克如果没有获得 CEO 头衔，很可能不会对 Zondigo 投入那么多的精力，甚至有可能退出创业团队。稍后我们将看到，提出"创意"的人通常能赢得 CEO 头衔。

创业公司常常为了创始人的需要而设置以字母 C 打头的职位。在我调查的 IT 产业和生物技术产业里，有 89%的创业团队至少设有一个这样的头衔，其中 79%的团队设有 CEO，45%的团队设有 CTO 或 CSO，14%的团队设有首席运营官（COO），8%的团队设有首席财务官（CFO）。

成熟的大公司的管理结构通常都是金字塔形的，在总决策者下面有几位副手分别管理具体业务。但是创业团队的管理结构常常是头重脚轻，或者是扁平化的结构。在我的调查对象中，

67%的创业团队里有 C 头衔的成员比无 C 头衔的成员还要多，7%的创业团队里两者人数相当。

稍后我们将看到，如果这些具有 C 头衔的人无法随着公司一起成长，那就面临着被替换或降级的风险，而这又会引发团队内部的争执。对那些头重脚轻的公司，这类风险尤其高[2]。

谁会得到 CEO 的头衔

创业团队是根据什么来判断谁应该当 CEO 的呢？我的调查结果表明，起到关键作用的是三个因素：（a）对团队的贡献程度和投入程度；（b）提出创业想法并付诸实施；（c）掌握的人脉关系和投入的资金。

选择辞职或中断学业，全身心创业的人更有可能获得 C 头衔。反过来，头衔也会影响创业者的付出程度，比如对自己的职位不满的人很难积极地投入到工作中。

我与经济学家托马斯·赫尔曼（Thomas Hellmann）一起分析了我的调查数据，并统计了"是否提出创业想法""是否有创业经验""工作经验""投入的资金"等因素对获得 C 头衔的影响。

首先，统计结果表明，提出创业想法的人比其他人更有可能获得 CEO 的头衔。如图 5.1 所示，在提出创业想法的人当中，有47%担任了 CEO，而在没有提出创业想法的人当中，只有12%的人获得了 CEO 的头衔[3]。

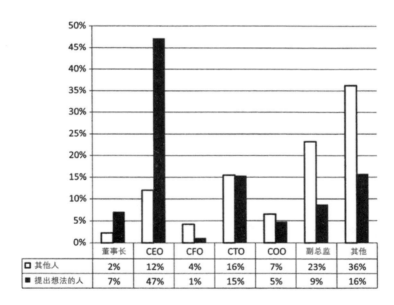

图 5.1　提出创业想法对职位的影响

提出创业想法的人一般认为自己担任 CEO 是实至名归，觉得自己最了解市场，最具洞察力，是实现公司愿景最合适的人选。这种观点通常也容易被团队成员接受。因此，就算提出创业想法的人在能力方面存在某些不足，团队成员通常也愿意让他来担任 CEO。

因此，提出创业想法的人较少担任团队中的副职。图 5.1 最右侧的两条柱状图表明，他们出任副总监（VP）或更低职位的比例非常低，一共只占 25%。而没有提出创业想法的人接受这类头衔的比例高达 59%。

此外，赫尔曼和我还发现，在其他条件相同的前提下，有过创业经历的人，以及投入更多创业资金的人更容易出任 CEO 或董事长。但是 CTO 的任命却不受这两条因素的限制。实际上，CTO 一般比其他团队成员投入的资金要少。

讨论职位时必然会涉及分工问题，这也是创业团队无法回避的问题。常见的分工情况有两种：角色交叉与明确分工。

角色交叉与明确分工

如果团队成员各自具有不同的技能，那么职位划分就比较容易。以乔布斯和沃兹尼亚克为例，乔布斯擅长市场营销，而沃兹尼亚克擅长技术研发，一个希望成立公司，一个喜欢开发产品，互补的能力促成了自然的分工。相比之下，如果团队成员的能力相似，那么就容易出现角色交叉的情况。

以 Smartix 的创始团队为例，包括维韦克在内的三位创始人都是受过高等教育的工程师，都曾在一流企业工作，同时还是 MBA 同学。相似的背景和能力，使得他们的角色出现了交叉。

虽然他们很快就组建起了公司，但是三个人都没有在大型体育场馆和演出场所工作的经验。在与体育场馆和演出场所接触的过程中，他们才发现自己缺少行业经验，不清楚体育场馆和演出场所的运营方式，甚至连对方提出的一些基本问题都回答不了。

在这种情况下，团队出现了明显的短板，而且三位创始人都负责制订商业计划和募集资金显然是一种人力资源的浪费。维韦克很快也认识到了其中的问题："虽然大家没有说出口，但我们心里都清楚，如果我们彼此能力互补，事情会更顺利一些。"角色重合导致公司初期的发展颇不顺利。维韦克不得不开始物色具有行业背景的新合伙人。

相比之下，Pandora Radio 团队采取了明确分工的策略。蒂姆·韦斯特格伦（Tim Westergren）在音乐行业摸爬滚打了十余年，认识很多音乐家和录音师，他是提出创意的人，负责音乐产品的设计；乔恩·克拉福特（Jon Kraft）有创业经验，并且认识不少硅谷的工程师和风投人，他熟悉商业事宜，负责资金管理、业务拓展和行政管理工作；威尔·格拉泽（Will Glaser）是资深的软件工程师，他精通技术，负责产品开发。

三人各自对自己工作范围内的事情负责，分别组建各自的团队。因为分工明确，所以权责分明。如果业务合作和管理上出现问题，乔恩会主动承担责任；如果出现技术问题或项目延期，那自然是威尔的责任。自己负责的工作出问题，很难责难其他人。

FeedBurner 团队则是介于两种情况之间。团队由两位专家和两位通才组成。迪克·科斯特洛（Dick Costolo）曾在安德森咨询公司负责系统集成开发项目，他有直接与客户沟通对接和管理大型团队的经验。马特·肖博（Matt Shobe）是迪克在安德森咨询公司的同事，担任界面设计师。埃里克·伦特（Eric Lunt）和史蒂夫·奥莱霍夫斯基（Steve Olechowski）则从毕业后就一直跟着迪克创业。迪克介绍说："我们能力上很互补，我和史蒂夫负责产品和业务，我俩可以随时交换角色，比如他负责产品，我负责业务。但是埃里克和马特却截然不同，埃里克是彻头彻尾的软件架构师，他对项目管理和沟通毫无兴趣；而马特喜欢与用户界面有关的工作，他是纯粹的设计师。"

迪克和史蒂夫角色交叉带来了一些麻烦。迪克解释说："创业初期，我们的职责划分是自然形成的：埃里克是首席技术官，负责软件架构；我负责为公司筹集资金和管理日常运营。但是，史蒂夫渴望扮演更重要的角色，所以他分担了我的一部分工作。这让我可以专心做产品和运营。尽管如此，由于权责不明确，我俩仍然会在某些事情上起争执。"

通过以上的案例，我们不难看出明确分工通常更有利于团队开展工作，也能避免团队出现短板和造成人力资源的浪费，同时还有责任到人、权责明确和充分发挥个人能力的优点。角色交叉只在比较特殊的情况下才能发挥优势，比如团队需要频繁应对突发问题（人员必须有冗余度），或者成员之间必须频繁相互补位等。这时角色交叉才具有优势。表5.1总结了这两种分工策略的利弊。

表 5.1　角色交叉 VS 明确分工

	优势	劣势
角色交叉	灵活机动	责任分散，互相推诿
	团队成员可以迅速补位	能力重复、人员冗余
	相互鼓励	不利于长远发展
明确分工	避免团队出现短板	关键岗位可能出现空缺
	责任到人，权责明确	各自为政，易产生分歧
	个人能力得到充分发挥	先到者可能不是最佳人选

讨论完角色分工策略，我们再来看看角色分工对团队决策的影响。

决策方式

创始团队进行重大决策时,应该权衡利弊,例如在集思广益与决策效率之间取得平衡。在这个过程中,团队成员的工作背景和角色划分则会对决策过程产生不可避免的影响。

我先介绍两种极端的决策类型。第一种极端的决策类型是独裁制度,决策由一个人(通常是 CEO)说了算。第二种极端的决策类型是完全平等决策,团队成员无论职位头衔如何,都以平等的方式参与讨论和决策。这两种方案互相对立,各有利弊。

独裁制度回避集体讨论,它的优势是效率高,不会错失宝贵的机会,其缺点也很明显,那就是容易犯错。在技术变化日新月异、市场竞争激烈的高科技产业里,"独裁的"CEO 往往比普通的 CEO 更容易犯冒进的错误。一项针对 26 家创新型 IT 企业的调查表明,有 19% 的公司业绩下降与独断专行的 CEO 有关 [4]。此外,另一项针对 8 家微型计算机企业的调查发现:公司的政治派系斗争,业绩不佳,大多都与高度集权的 CEO 有关系 [5]。

在竞争激烈的环境下,即使 CEO 才华横溢,也很难高效处理复杂的信息。一位经验丰富的风险投资人指出:"独断专行的人总是在有了想法后就立即采取行动,但很少考虑想法的合理性。"

平等决策则正好相反。为了达成共识，平等决策的团队往往要花费更多的时间来进行讨论。这虽然能帮助决策者更全面地，更透彻地分析问题，但也容易让公司错过稍纵即逝的市场机会。凯瑟琳·艾森哈特（Kathleen Eisenhardt）教授认为，在激烈的竞争环境下，信息不对称的情况尤其严重，创业团队如果要完全达成共识，那么决策效率势必就会降低[6]。所以，平等决策虽然有利，但切不可让它变成采取行动的障碍，或者变成勉强妥协的策略[7]。

在实际运用中，成熟的公司通常采用的是核心团队决策方式。核心团队人数相对较少，既能避免决策效率过低，又能引入集体决策，通过合理的监督避免犯错。

此外，还有一种特殊情况值得注意。在有些创业团队里，平等决策并不是因为信奉民主，而是为了避免那些热衷权力的创始人因为争夺头衔而出现纠纷。这种平等决策与其说是一种主动选择，不如说是不得已而为之。

有些团队因为无法选定一位 CEO，所以选择任命两位 CEO（联合 CEO），但这种策略极少有成功的案例。也许有人会说，惠普和 Google 不就是采用联合 CEO 最好的例子么？实际情况并非如此。惠普成立时，戴维·帕卡德（David Packard）是总裁，而比尔·休利特（Bill Hewlett）是副总监。Google 成立初期，拉里·佩奇（Larry Page）是 CEO，而谢尔盖·布林（Sergey Brin）是 CTO。

采用联合 CEO 的方式也许能暂时避免对头衔的争斗，但仍然会埋下隐患。除非两位创始人能够做到充分的互信互助，并对潜在的风险进行评估并讨论出相应的措施，否则两位创始人间的斗争多半会危及公司的发展。

关于董事会成员

除了担任高管外，许多创始人还是公司董事会的成员。创始人兼 CEO 往往会争取让另外的一位合伙人也加入董事会，这样就能够获得更多的决策支持。在我的调查对象里，67%的公司至少有一位创始人担任董事会成员。在尚未融资的创业公司里（此时创业团队有权决定董事会成员），34%的公司有两位甚至两位以上创业元老担任董事会成员。然而，对于已经获得了 C 轮融资的公司来说，情况就不同了：只有 18%的公司有两位或两位以上创业元老担任董事会成员。此时，仅有一位创始人担任董事会成员的比例反而占到了 42%。那么，为什么会出现这种变化呢？

大多数公司在创业初期都有非正式的董事会，通常由多位创始人组成,共同参与决策。一旦创业公司开始寻求融资,就要建立正式的董事会,以便引入其他股东。而董事会的席位是有限的,每增加一位外来的股东,就意味着有一位创始人要退出董事会。(详见第 9 章有关董事会以及投资者注资等细节的阐述。)每一轮融资,可分配给创始人、高管、投资人的董事会席位数量都是固定的,这也意味着分配给创始人的席位会逐渐减少。这迫使创始团队不得不协商让谁留在董事会,从而增加团队内的紧张气氛。有时,谁留在董事会是显而易见的,例如,如果某位创始人担任了 CEO,他就是留在董事会的最佳人选。但是,如果有多位身居要职的创始人都在董事会里,或者 CEO 并非创始人,情况就比较棘手了。

在 FeedBurner 完成首轮融资后,分配给创始团队的董事会席位仅有两个。团队同意创始人兼 CEO 迪克·科斯特洛(Dick Costolo)获得一席,而剩下的一席归谁就有点麻烦。为此,大家讨论了很久。最终,史蒂夫因其在业务及法律事务方面的突出贡献,与迪克一起出任董事会成员。而在 Lynx Solutions 公司,直到 B 轮融资,三位创始人都还留在董事会。但是,进入 C 轮融资时,风险投资公司认为决策者太多会降低效率,要求三位创始人让出一个董事会席位。这让三个人非常为难。创始人詹姆斯·米尔默(James Milmo)解释说:"我们非常注重保持团队内部的权力均衡,不希望无谓地制造不稳定因素。"最后三人决定,与其让一个人完全退出,不如三个人继续参与董事会决策,但是只保留两个投票权。这样做虽然暂时缓解了紧张气氛,但也引发了新的问题,比如,如果三个人在董事会投票中产生分歧,会导致投票无法正常进行。

上面谈到的是 CEO 想尽量多保留董事会席位的情况。我知道有些 CEO 的想法恰好相反,他们不太希望自己的同事和下属进入董事会。因为如果 CEO 的某位同事或下属也加入了董事会,那么他们之间的层级关系就不是很清晰,甚至会影响决策效率。例如,倘若 CEO 受到了某位同事的质疑,他想寻求董事会的帮助和建议,但是这位同事也是董事会成员,情况会变得很复杂。设想董事会在讨论这件事时,这位同事也在场,事情能有效解决而且不引起管理团队内部的矛盾吗?

以 Ockham Technologies 公司为例,虽然迈克要向 CEO 吉姆汇报工作,但两人同为董事会成员,所以迈克也拥有同等的决策权。吉姆后来回忆说:"我再也不会让公司其他高管进董事会了,因为董事会不可避免地要讨论公司绩效和人事安排等敏感问题。我很乐意私下与迈克讨论这些问题,但是他坐在董事会里参与讨论让我觉得很尴尬。"

为了化解这种尴尬,同时尽可能多地保留"自己人"在董事会里的席位,有些 CEO 选择限制同事在董事会的权力,比如允许他们以观察者的身份出席会议，但没有实际投票权；再比如，将董事会会议分成若干个议题，只允许同事参加其中某几个议题，避免他们参与讨论敏感议题。这都不失为折中的解决办法。

动机与角色分配

影响角色分配的另一个重要因素是每位创始人的创业动机，这一因素很难客观评估，却不容轻视。我建议创业者不仅要清楚自己的创业动机（希望得到财富还是权力），也要尽早了解合伙人的创业动机，从而判断是否相互契合。这里我们只分析最理想的情况，让读者有一个感性的认识。

假设两个人一起合伙创业，根据两人的创业动机，可能出现以下三种情况：两人都希望获得权力；两人都希望获得财富；一个人希望获得权力，另一个人希望获得财富。

如果两位创始人都希望获得权力，他俩的关系会变得非常紧张——因为两人都想成为 CEO，都想进入董事会，都想掌握公司的控制权。Blogger 的创始人埃文·威廉姆斯和梅格·胡里安就属于这种情况，两人都想领导公司，但意见又不统一，最后只能不欢而散。创业者应该对自己的性格特点有基本的认识，像埃文这样控制欲极强的人，就不适合与有权力欲望的人合伙创业，也不能轻易让其他人担任 CEO。埃文在这个问题上付出了不止一次代价，创办 Odeo 时，埃文先让诺亚·格拉斯担任 CEO，最后又大动干戈夺回了 CEO 的职位。

如果两位创始人都希望获得财富，他们相处会容易一些，因为两人的目标都是实现财富最大化，而较少在意或根本不在意自己担任什么管理角色。只要在创业初期明确股权和收益的分配方式，这种组合就不太容易因 CEO 的头衔出现大的纠纷。FeedBurner 团队就属于这种情况，几位创始人有着共同的盈利目标，因此在每个阶段的发展决策上都比较容易达成共识。不过，这种组合有可能存在两人指望对方承担更多责任，相互推诿的情况，应该引起注意。

如果一个人希望获得权力，另一个人希望获得财富，两人有可能组成最佳搭档：让前者担任 CEO，后者从旁协助。只要后者对前者创造价值的能力有足够的信心，他们将组成最牢固的联盟。

在决定合伙创业前，创业者应该对合伙人的动机进行必要的评估。合伙人的动机不匹配，会造成团队关系紧张，以致在角色分配、利益分配、发展决策上都产生分歧，甚至导致创业失败。互补的动机虽然不能保证创业成功，却能避免很多麻烦。

小结

在我调查的创业公司中，因角色分配问题引发纠纷的情况并不少见。我总结了几种常见的错误，这些错误有一些共性，现归纳如下。

回避冲突　有些创业团队为了避免大家在分配角色的问题上产生纠纷，设立了过多的管理岗位。这样做虽然可以暂时避免矛盾，但是会导致角色重叠，权责划分不清，决策效率低下等问题。在这个问题上规避冲突是饮鸩止渴，会给公司未来的发展埋下隐患。

CEO 让同事进入董事会　成立正式董事会时，创始人（往往是 CEO）为了在董事会获得更多的支持，通常希望让某位同事进入董事会。然而，这个人进入董事会是有风险的，因为他有可能无法分清自己的团队角色与董事身份，从而阻挠董事会的议程，甚至与 CEO 之间产生矛盾，影响团队的稳定。

忽视合伙人创业动机　创业伙伴的创业动机对团队的稳定性有着非同一般的影响。创业者不仅要清楚自己的创业动机（权力或财富），也要设法了解创业伙伴的动机，这样才能找到合适的创业合伙人，避免角色冲突。

注释
Notes

1. 参见 Roberts P.、Khaire M.的文章《Getting known by the company you keep: Publicizing the qualifications and former associations of skilled employees》，发表于 2009 年《Industrial and Corporate Change》，18(1): 77–106。

2. 小本生意在最初阶段通常表现为倒金字塔形管理结构。

3. 数据来自我 2008 年和 2009 年调查的 952 名创业者。

4. 参见 Haleblian J.、Finkelstein S.的文章《Top management team size, CEO dominance, and firm performance: The moderating roles of environmental turbulence and discretion》，发表于 1993 年《Academy of Management Journal》，38(4): 844–863。

5. 参见 Eisenhardt K.M.、Bourgeois III L.的文章《Politics of strategic decision making in high-velocity environments》，发表于 1988 年《Academy of Management Journal》，31: 143–159。

6. 参见 Eisenhardt K.M.的文章《Making fast strategic decisions in high-velocity environments》，发表于 1989 年《Academy of Management Journal》，32(3): 543–576。

7. 参见 Rogers P.、Blenko M.的文章《Who has the D? How clear decision roles enhance organization performance》，发表于 2006 年《Harvard Business Review》，84(1): 52-61。

第 6 章
股权分配与现金补偿
Equity Splits and Cash Compensation

创业公司因股权分配引起的纠纷比角色和职务分配引起的纠纷更严重。对创业者来说,未来股权收益产生的激励作用远远超过薪酬,毕竟创业公司能给出的工资通常比别处要低[1]。不幸的是,凭直觉分配股权的做法都不太可靠,难免会给未来留下隐患。本章主要讨论股权分配的问题,看看我的调查对象有哪些经验和教训。在本章的末尾,我还会附带讨论有关创业者"折扣"的话题。

股权分配的"战争"

1999 年创立 Blogger 时,埃文·威廉姆斯和他的合伙人梅格·胡里安口头协商的股权分配比例是 60/40。埃文回忆说:

"我希望尽早把这个问题说清楚,我的提议是 70/30,但她希望对半分。最后,我们决定按 60/40 分割,毕竟我是提出创意的人,而且我更有经验。"

到 2000 年春 Blogger 开始第一轮小额天使融资时,两人才正式签订协议,并增加了 4 年后才能行权的条款。埃文说:"融资让一切都变得更正式了……我们第一次聘请了律师,签订了正式的股权协议。"埃文并不在乎当时能拿到多少薪酬,他回忆说:"开始创业前,我银行里有一万美元存款。我把钱都投到公司里了,自己一分钱工资也不拿。"后来,埃文花光了所有的积蓄,透支了信用卡,四处筹钱,才让 Blogger 勉强维持下去。

接下来创办 Odeo 时,埃文同意分给合伙人诺亚·格拉斯 70%的股份,因为这个创意是诺亚提出来的,而且诺亚愿意担任 CEO,全身心投入到对公司的管理上。埃文则是兼职。埃文说:"我大概只能算是半个创始人。"有了 Blogger 的教训,他早早地聘请了律师,正式分配了公司股权。

在外人看来,分配股权应该是一个理性的过程,合伙人各自获得与自己贡献的价值相当的股份。实际上并非如此,埃文前后两次分配股权都没能经受住时间的考验。梅格和诺亚在股权分配之后不到两年都离开了公司。与梅格的纠纷尤其让埃文感到头痛。梅格在2000年年底离开Blogger，三个月后埃文收回了她的股权。两人为此对簿公堂长达半年。最后埃文与梅格达成了庭外和解。埃文事后说："我最后决定妥协，因为这件事实在太折磨人了，它浪费了我太多的精力。2001年我付给律师的钱比我自己的工资还多！"

显然，分配股权是最容易引发创业团队内部纠纷，也是大家最难理性对待的事情。我遇到的创业者在形容他们的遭遇时，常常把"战争""精疲力竭""压力"挂在嘴边，哪怕他们还没有像埃文那样与合伙人打官司。从创始人对这件事的处理方式中，往往能预见他们应对未来敏感事件的能力。

何时分配股权

何时分配股权可以由创始人自行决定[*]。在我的调查对象里，73%的团队在创业的第一个月内就分配好了股权。考虑到创业的各种不确定性，这个比例相当惊人。以UpDown团队为例，他们在尚未深入了解彼此的情况下就分配了股权。结果，这个分配方案低估了两位创始人的贡献，而高估了另一位的贡献。这种错误不太容易纠正，因为第一次的分配方案让大家形成了心理"锚定"[2]，事后再想更改就很困难了。几个月后，

---

[*] 创始人最迟应该在第一轮外部融资之前分配股份。

UpDown 团队不得不重新协商分配方案。

相反，有些公司选择推迟几个月再分配股权，这样大家就有更多的机会了解彼此的工作能力和工作表现，从而更好地判断谁能为公司带来更大贡献。例如，Smartix 的创始人兼 CEO 维韦克·库勒就让他的团队等到第一轮外部融资才分配股份。他解释说："你需要更深入了解公司和你的团队，才能决定如何分配。"暂缓分配股权还能激励团队成员努力工作证明自己的价值，避免有人只想搭顺风车[3]。

当然，暂缓分配股权也有不利的一面。公司有可能会因此错过吸引优秀人才的机会。还是以 Smartix 团队为例，在创业初期，由于团队缺乏体育场馆的运营知识和行业人脉，业务开展得不顺利。这时，维韦克碰巧结识了大卫。大卫有这方面的工作经验，他还通过自己的人脉关系帮维韦克安排了几次重要的会面。但是大卫最后选择了另外一份吸引人的工作。维韦克事后总结说，因为自己推迟分配股权，所以失去了吸引大卫一起创业的绝佳机会。

此外，不止一位投资人对我说，在公司价值明确（比如融资）之前讨论如何分配股权会容易一些。等到几百万美元的投资向大家招手时，再讨论股权分配比较困难了。

对于何时分配股权，团队成员的看法通常不一致。贡献越早的人越希望尽早分配股份，后来者则反之。理想情况下，股权的分配要着眼于每个人的长远贡献，但是对贡献大小的判断又受到团队成员彼此表现的影响。加上在创业的各个阶段，每个人的贡献大小可能有起伏，因此他们对于分配时间就会有不同的看法。

有些人利用这种团队成员贡献大小的变化提高自己的谈判地位。比如，当弗兰克·阿丹特（Frank Addante）和约翰·博安（John Bohan）通过合并两家公司（弗兰克的 ReaXions 和约翰的 Adnet）建立 L90 时，约翰提议分给弗兰克 1550 万股中的 50 万股，但是弗兰克说："为什么我们不先观察一段时间，等半年后再来讨论这个问题。"弗兰克决定利用这段时间看看自己、约翰和其他成员各自能为公司贡献多少价值。半年后，天使投资人决定以 200 万美元投资换公司 20% 股份，公司被估值为 1000 万美元。这时弗兰克提出他想要全部 2000 万股中的 100 万股，约翰同意了。于是，弗兰克为自己多赢得了 25 万美元的账面收益[*]。

分配股权的依据

创业团队商讨股权分配比例时以什么为依据呢？这个问题

---

[*] 弗兰克多拿了 50 万股，每股的价格是 0.5 美元（1000 万美元/2000 万股）。

没有"正确"答案,它很大程度上取决于团队内部的协商。但是通过调查和分析,我发现大多数创业团队会从以下几个方面考虑这个问题,分别是过往贡献、机会成本和未来的贡献。

过往贡献

每个人能分得多少股权首先取决于他过去对公司的贡献。这种贡献主要体现在两个方面:提供创意(包括知识产权)和提供资本(如启动资金等)。

创意

在其他条件相同的情况下,提出创意的人往往会得到更多股权。比如埃文·威廉姆斯就因为提出创意获得了更多股权,尽管他与合伙人后来起了争执。在我的研究对象里,重视创意的价值的并非只有埃文一个人。创办 Zondigo 时,弗兰克·阿丹特对另外三位合伙人说自己应该占最大的股份,因为是他提出的创意。弗兰克解释道:"过去的创业经验告诉我,创意本身有价值……我的合伙人也同意我的意见。最后,我分给他们每人 5% 的股份……他们接受了。"

创业者普克·图隆(Phuc Truong)在参与创办 Crimson Solutions 时也遇到类似的情况,他说:"我们讨论后,决定将

Crimson Solutions 股权按 50/25/25 分配。塞思（Seth）和我都同意威利（Wellie）应该占大头，因为他提出了创意，并且做了许多前期工作。"

有时提出创意的创业者甚至会表现得很强势。詹姆斯·米尔默（James Milmo）虽然同意与合伙人哈维尔·帕斯卡尔（Javier Pascal）平分 Lynx Solutions 的股权，但是要求哈维尔通过工作表现赢得股份。詹姆斯对哈维尔说："我的创意已经为我赢得了应有的股份，你必须通过两年的工作来证明你有资格获得另一半股份。"

当然，并非所有的创意都同样成熟或有价值。有些创意由多个专利构成，并且有可靠的商业模式支撑，而有些创意听上去不错，却缺少成熟的解决方案。

更糟的是，当出现利益纠纷时，人们对创意的评价往往存在分歧。比如，沃兹尼亚克的父亲认为不应该给乔布斯股份，因为"他什么都还没干[4]"，沃兹尼亚克才是苹果早期计算机的研发者。但乔布斯却认为自己应该比沃兹尼亚克拿更多的股份，因为如果不是自己坚持创业，沃兹尼亚克也许还在惠普当工程师。

如果创意真的有价值，那么它值多少股份呢？是 5%，还是 25%？为了将这个问题量化，我从我的调查对象中筛选出所有提出创意者，统计他们是否比其他合伙人获得了更多的股份。我的研究结果表明，在其他条件相同的情况下，提出创意者要比没有提出创意的合伙人多获得 10%~15%的股份。这一方面是因为他们已经做出了贡献，另一方面是因为他们未来很可能还会为公司想出更好的点子。

最后，对于提出有价值创意的人，如果他们的贡献没有得到公司的认可和奖励，当事人就有可能产生不满情绪。即使贡献创意者为了避免团队成员出现摩擦而自愿放弃奖励，事后他也有可能反悔。通常，未得到奖励的当事人会越来越不满，最终引发更严重的冲突。因此，对提出创意的人给予相应的股份奖励是很有必要的。

资本

在我的调查对象中有59%的人用自己的钱作为创业的启动资金。个人出资金额在 10 万美元以内的情况占到了总调查对象的49%，另有11%的调查对象出资金额超过了 10 万美元（见图 6.1）。当然，也有人没有自掏腰包，这部分人占41%。

我的统计结果还表明，创业者投入的创业启动资金越多，他分得的股份就越多[5]。比如，Ockham Technologies 团队就把各自投入的启动资金作为分配股权的唯一标准。创始人兼 CEO 吉姆·特里安迪弗洛（Jim Triandiflou）回忆说："我的计划是凑足 15 万美元，每个人出 1/3。但是他们两人不愿意出这么多钱，于是我请他俩能出多少就出多少，剩下的由我补齐……最后，我出了 50%，迈克（Mike）出了 30%，肯（Ken）出了 20%，这也是我们分配股权的比例。"

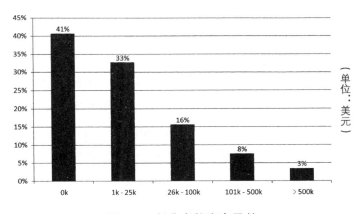

图 6.1　创业者的资本贡献

创业公司需要资金租办公室、付电话费、出差，因此启动资金是既实在又客观的贡献。投入多少资金不仅反映了每个人的经济实力，也反映了其创业的决心和对公司前景的信心。还是以 Ockham Technologies 为例，虽然肯是最早提出创办 Ockham Technologies 的人，并且在迈克加入之前他已经和吉姆并肩工作了很长时间，但是到了要筹钱时，肯却犹豫了，他出的钱也最少。果然，等到肯的第一个孩子出生后，他选择了离开公司。

除了提供创意和提供资本这些实在的贡献，还有一些不那么"实在"的因素也会影响股权的分配。这些因素包括当事人付出的机会成本和未来的潜在贡献。

机会成本

创业是有机会成本的。对有些人来说，机会成本较低，比如创业前处于失业状态的人；但对另一些人来说，机会成本则比较高，比如肯·布罗斯（Ken Burows）在创办 Ockham Technologies 之前已经身居要职，收入非常可观。放弃原来的工作，意味着今后一段时间收入得不到保障。

创业团队为了吸引优秀的人才，有时会承诺做出相应的补偿，比如答应给予对方更多的股份。

在组建 Smartix 团队的过程中，维韦克·库勒（Vivek Khuller）发现他的同学沙鲁巴·米泰尔（Saurabh Mittal）很适合这个项目。当时沙鲁巴也打算自己创业。维韦克说："我发现沙鲁巴对 Smartix 有兴趣，决定想办法让他入伙。"为了吸引沙鲁巴，维韦克费了很多口舌，最后说服其他团队成员分给沙鲁巴 27% 的股份（仅次于他自己的 35%）。

类似的，普克·图隆加入 UpDown 之前已经在一家成功的创业公司工作，并且做过几份高薪的软件开发工作。当团队讨论股权分配问题时，普克·图隆指出他全职加入 UpDown 面临的风险比其他人更大。他提出要么拿更多的薪水，要么拿更多股份作为补偿。

当然，机会成本是与当事人此前的事业成功程度成正比的。只有成功人士付出的机会成本才会成为分配股权的考虑因素。除了机会成本，当事人未来的潜在贡献也会影响团队内部的股权分配。

未来的贡献

创业者未来对公司的贡献，是最难评估的。一位创业者对我说："分蛋糕的时候，95%决定成败的工作依然没有开始。"通常，创业者未来对公司的贡献只能通过以下两个方面估计：工作经验和投入的精力。

两个同样工作十年的人，他们的工作经验很可能存在价值上的差别。研究人员发现，在创业公司里行业经验比泛泛的工作经验和受教育水平更有价值[6]。有资深行业经验的人往往比其他人分到更多的股份。

此外，有创业经验的人通常会比没有创业经验的人拿到更多股份。如果你是连续创业者,那么这种优势就更明显了。连续创业者通常被认为有更强工作能力和人脉关系,因而被赋予更高的期望。我与经济学家托马斯·赫尔曼(Thomas Hellmann)所做的研究分析表明,在其他条件相同的情况下,有经验的创业者要比没有经验的创业者多获得 7%~9%的股份。同时,我们没有发现一般的工作经验有使创业者获得更多的股份迹象。所以,在股权分配这个问题上,创业经验比一般的工作经验更有优势。

未来的贡献程度还取决于创业者愿意在工作上投入多少精力。全职创业者通常会比兼职创业者获得更多的股份。例如,特蕾西·布尔曼(Tracy Burman)在第三次创业时当上了妈妈。她本来担任公司的 CEO,现在不得不分出时间来照顾婴儿。她与合伙人商量的解决办法是:她不再担任 CEO,转而担任 COO;由于她的工作时间减少了 20%,所以她持有的股份和薪酬也将减少 20%。

讨论完影响股权分配的几个因素,我们再来看看创业公司实际上是如何分配股权的。

是否平均分配

按理说,每个创业者的情况都不一样,如果严格按照他们对公司的贡献、工作经验等条件来分配股权,那么很难出现平均分配的情况。然而,现实却并非如此。我的统计数据表明,有33%的团队选择了平均分配股份(见图6.2)。他们为什么会做出这样的决定呢?这是明智选择吗?

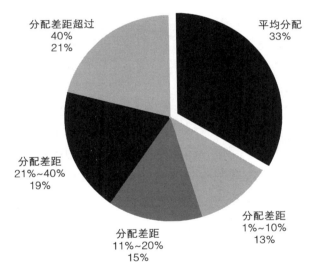

图6.2 创业团队分配股权的差异情况

回避冲突

我与托马斯发现,大多数选择平均分配股权的团队并不是在慎重考虑后做出的决定,而只是为了避免团队冲突和节省时间。谈判和讨价还价容易引发纠纷和冲突,因此一般人都会权衡利弊，对于个人条件相差不那么明显的团队，如果大家觉得谈判带来的好处还不足以抵消因纠纷产生的矛盾，团队就会倾向于平均分配。

Pandora Radio 的创始人蒂姆·韦斯特格伦（Tim Westergren）就遇到过这个问题。一位有经验的创业者曾经提醒过蒂姆，创业团队如果为了分配股权起争执会给团队埋下隐患。权衡利弊后，蒂姆决定与合伙人平分股权，因为他觉得自己拿到再多股权都不足以抵消团队产生矛盾带来的隐患。

平均分配股权通常出现在首次创业的团队里，大家的经验和能力相当，对于如何分配股权也没有太多的经验。对这类团队来说，平均分配股权也许是唯一可选的方式。一位年轻的创业者对我说："平均分配股权对团队每个人释放出一种信号，它表明比起个人财富的累积，我们更看重公司的发展；有了团队的胜利个人财富能得到更好的保障……我们都是从零开始，风险共担，这才像一个团队。争夺股份不利于团结。"

在那些有过创业经验的团队里，成员的个人条件相差较大，他们也明白如何通过谈判和协商来为自己争取利益，平均分配股权的可能性就低得多。

当然，并非所有平均分配股权的团队都是仓促做出的决定，也有些团队是慎重协商后做出的决定。区分这两种情况的依据是看团队花了多少时间协商和谈判。

两种平均分配

平均分配股权的团队可以进一步分成两种情况。一种是纯粹为了避免麻烦而仓促选择平均分配股权；另一种是在认真考虑团队成员的贡献、能力之后，大家发现各自的综合水平相当，同意平均分配股权。通常后者要比前者花费更多的商议时间。

我们把能在一天之内决定平均分配股份的团队称为"快速平分"团队，而把花更多时间协商的团队称为"慢速平分"团队。例如在我的调查对象里，有60%的选择平均分配股权的团队只用了一天或更少时间就做出了决定。

我们发现"快速平分"团队和"慢速平分"团队是有本质上的区别的。例如，一位连续创业者就发现："选择快速平分的团队往往因为缺少经验，只能按人头平均分配。"另外一位创业者也表示："这样做说明他们对未来的困难估计不足，许多人最后都会反悔。"

为了研究"快速平分"团队和"慢速平分"团队的区别，我和托马斯统计了两类团队第一轮融资的情况。我们的分析结果表明，在其他条件相同的情况下，"快速平分"团队比"慢速平分"团队的估值要低得多（也比非平分团队低）。

有风险投资人表示:"我们通常会详细询问团队分配股权的过程,试图了解其中的细节,比如是如何分配的,有哪些考虑因素,如果平分,是为了避免纠纷,还是因为大家综合能力相当等。"

由此可见,尽管"快速平分"团队避免了矛盾和纠纷,但是有可能也反映了他们不成熟和缺乏经验的弱点,而这会影响风险投资公司对创业公司的估值。那么首次创业又缺少经验的团队该如何分配股权才不至于浪费过多的时间讨论,也不破坏团队的和谐氛围呢?稍后我会提到一种可操作的办法。

讨论完平均分配后,我们再来看一种非平均分配的情况。

51%与50%

在由两个人组成的创业团队里,有时一方会要求分到51%的股权。弗兰克·阿丹特(Frank Addante)就遇到过这种情况。弗兰克与加里(Cary)一起创办ReaXions时,用的是加里的资金,加里还付给弗兰克全职薪水。加里的条件是自己占51%的股权,弗兰克占49%。原因是加里希望控制公司的走向。弗兰克说:"虽然49%与51%差别不大,但是如果遇到重大决策还是要听他的。"这2%的股权差异代表着加里有着最终的决策权。

不过，创业者应该认识到即使拿到51%的股权也不代表就拿到了永久的"绝对控制权"。首先，51%的股权不代表你拥有所有的决策权。当然，公司的重大决策（比如是否出售公司资产）是大股东说了算，但是第二层的决策权则在董事会。董事会是由股东选举出来的（股东自己也可能担任董事会成员）。随着董事会成员数目增加，大股东的权力也就逐渐弱化。董事会又会选举CEO，而CEO控制第三层的决策权，包括公司的日常管理和经营[7]。

其次，如果公司计划在未来开展外部融资（哪怕只有一轮），那么51%的股权是无法维持的。只要团队接受外部投资，51%的股权就会被稀释到50%以下*。例如，耐克创始人菲尔·奈特（Phil Knight）和比尔·鲍尔曼（Bill Bowerman）最初就是按51/49的比例分配股权的，奈特因为不愿意放弃股份和公司的控制权，甚至错过了一位优秀的合伙人。1971年，公司迫切需要资金，奈特不得不接受一笔20万美元的投资，他持有的股权也因此下降到了35%[8]。

无论是否平均分配股权，创业团队都面临是否签订股权分配协议的问题。

---

* 实际上，即使是60%的股权，在接受投资后也会轻易稀释到50%以下。

股权分配协议

决定如何分配股权后,有些团队会选择签订协议,有些则只是做口头上的约定。我们的统计结果表明,创业团队在股权分配上花的时间越多,就越倾向于签订协议(见图6.3),有些团队还会正式聘请律师来处理这件事;而迅速决定如何分配股权的团队,通常都是口头约定。在一天内决定如何分配股权的团队有22%是口头约定,而协商超过一天的团队采用口头约定的比例则只有11%。

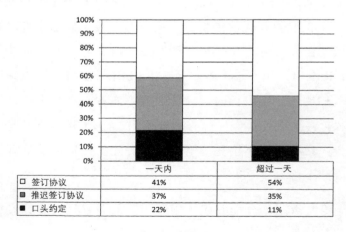

图 6.3　是否签订协议

调查结果表明,越慎重对待这件事的团队,越倾向于签订协议,把分配结果正式记录下来。正式签订协议是一种比较稳妥的做法，一方面它迫使团队成员认真思考股权分配这件事，而不是仓促了事，另一方面它可以避免日后反悔再起纠纷。

然而，过早签订股权分配协议也存在隐患，毕竟公司未来的发展还存在很大的变数。斯科特·谢恩（Scott Shane）教授的研究表明：在他的研究对象中，有接近一半（49.6%）的创业公司创业方向发生了变化[9]。就算公司的创业方向不变，创业团队的人员也随时可能发生变化。

哪怕今后没有人离开团队，也不再有新的创业合伙人加入团队，每个人对公司的贡献程度也有可能随时间发生变化。针对这种情况，团队可以考虑签订分阶段的股权分配协议。

分阶段股权分配协议

所谓分阶段股权分配协议，是把从团队成立到第一次融资之前的创业时间分成几个阶段，在每个阶段都评估一次团队成员的贡献，以决定他在这个阶段应该分得的股权比例。团队还可以根据每个阶段的重要性和具体情况，为每个阶段设定一个权重。在正式融资之前，根据每个阶段的股权比例及相应的权重计算出每个人的加权平均值。以加权平均值作为最终分配结果。

UpDown 团队就采用了这种办法。UpDown 团队成立于

2006年10月，当时一共有4位成员，分别是迈克尔、乔治、普克和沃伦。团队在2007年1月进行了第一阶段股权分配，当时迈克尔的贡献最大（提出创意、制定商业策略、提供启动资金），他分到60%。乔治、普克、沃伦依次分到28%、10%、2%。不久后，沃伦因为个人原因退出了创业团队。2007年5月，剩下的三人又进行了第二阶段的股权分配。考虑到乔治和普克承担的工作越来越多，两人对公司的贡献也有明显的增长，三人商议决定第二个阶段提高乔治和普克的股权比例。等到2007年7月融资之前，三人又根据各自的表现进行了第三阶段的股权分配，并且决定了三个阶段的权重（见表6.1）。

表6.1 UpDown分阶段股权分配

时间	2006年10月-2007年1月		2007年2月-2007年5月		2007年6月-2007年7月		
权重	40%		30%		30%		
	贡献	股份	贡献	股份	贡献	股份	加权平均
迈克尔	创意、资金	60%	人脉、资金	34%	拉投资	36%	45%
乔治	商业策略	28%	产品管理	33%	产品营销	32%	30.7%
普克	软件开发	10%	软件开发	33%	软件开发	32%	23.5%
沃伦	商业计划	2%					0.8%
合计		100%		100%		100%	100%

UpDown 团队的这个方法既详细记录了股权分配比例，又考虑到了随时可能出现的变化，是一个比较稳妥的折中办法。它既缓解了团队成员之间的因股权纠纷产生的矛盾，又鼓励成员多做贡献，避免了有人分到股权后以逸待劳、坐享其成。

前面提到首次创业又缺少经验的团队往往不知道该如何分配股权。对这类团队来说，采用分阶段股权分配协议是一个很不错的选择。刚开始，大家对彼此的工作能力和贡献程度还不太了解，因此在第一个阶段可以采用平均分配的形式，避免浪费过多时间在协商和讨论上；等到工作逐渐展开后，进行第二阶段的评估，此时创业形势逐渐明朗，每个人的贡献程度大家有目共睹，根据实际情况协商要容易得多。往后的阶段依次类推，即使有人离开团队或者有新成员加入，这个方法也一样可行。

三种情况

分阶段股权分配的目的是应对创业的不确定性。除此以外，创业团队还可以在股权分配协议里增加股权回购条款，或者设置期权来应对未来的突发情况。

我的同事迪帕克·马尔霍特拉（Deepak Malhotra）把股权分配过程中出现的情况分成三类：已知的、可预见但不确定的、完全不可预见的。针对这三种情况,团队可以采取相应的分配措施。

已知的情况包括谁提出的创意,谁提供了启动资金,谁贡献了专利等。这些贡献通常都是公认的,可以直接体现在股权分配协议里。比如,Crimson Solutions 团队同意分给威利更多股权,因为创业的点子是威利想出来的。

可预见但不确定的情况可以用条件条款来解决。比如,Ockham Technologies 团队在签订股权分配协议时并不知道肯·布罗斯(Ken Burows)不久后就要做爸爸了,连他自己也不知道。但是,他们预料到可能会出现类似的情况,包括有人不愿意辞掉工作全身心创业,或者中途离开团队等。解决办法是在股权分配协议中增加回购条款,比如:如果有人不能在某年某月某日之前全职加入公司,公司其他创始人有权以规定的价格回购他所持有的一半股份。

类似这样的情况并不罕见,比如,微软成立后不久,联合创始人保罗·艾伦就被诊断出患有霍奇金淋巴瘤,因而无法继续全身心投入创业。虽然我们不能确定每个人会遇到什么样的个人变故,但是我们不妨提前在协议中约定,如果有人由于个人原因无法和团队一起走下去,如何处理他手上的股权。

对于完全不可预见的情况,股权分配协议就无能为力了。

这时，只有团队成员间相互信任才能解决纠纷，走出困境。因此，创业团队的成员有必要逐渐建立团结互信的合作关系。还是以 UpDown 团队为例，在大家讨论第一阶段的股权分配方案时，迈克尔·瑞奇（Michael Reich）要求分到 60%的股权，因为他提供了创意和启动资金。虽然大家通过了他的决定，但是事后迈克尔明显感到了创业伙伴们的情绪变化。他觉得大家也许认为他表现得有点贪婪和自私，同时他感到这种负面情绪不利于团队的长远发展。于是，在讨论第二阶段的股权分配方案时，他做出了让步，把自己的股权比例降低到和大家相当的水平。这种调整无疑增强了团队的凝聚力。持有相同看法的还有 Ockham Technologies 的创始人吉姆·特里安迪弗洛（Jim Triandiflou），吉姆对我说："在股权分配问题上与合伙人斤斤计较是得不偿失的。"

除了在股权分配协议里增加股权回购条款，还有一种方法可以用来应对可能出现的变化，那就是使用期权。

期权

期权也可以看成一种条件条款。被授予期权者在行权前必须先满足一定的条件，比如达到要求的工作年限，或者完成某些规定的工作任务（里程碑）。如果被授予期权者在满足行权条件之前离开公司，就必须放弃未行权的股份。

期权是一副"金手铐",它一方面可以鼓励被授权者努力工作,另一方面,当有人离开公司时,它又保护了其他成员的利益。

尽管如此,大部分创业者还是更喜欢直接分配股权,而不太愿意接受期权。一方面,他们担心提出期权条件会让创业合伙人感到不舒服(觉得自己对公司的"忠诚"受到了质疑);另一方面,他们也担心自己的股权将来出现变数[10]。因此,创业团队往往会等到第一轮外部融资时,才在投资人的要求下采用期权。

期权可以分为两种,一种是有时间条件的期权(也叫时间期权),另一种是有任务条件的期权(也叫里程碑期权)。时间期权要求被授权者按工作时间来行权。它通常先设置一个最低工作年限,被授权者满足最低工作年限后,可以逐步行权。比如,可以将完全行权时间设置为四年,最低工作年限设置为一年,被授权者工作满一年后,可以先拿到25%的约定股份,之后三年按月行权,每月可以拿到 1/36 的约定股份。这样,完全行权一共需要四年时间。

时间期权有一个前提假设,即被授权者的工作时间与工作贡献基本上成正比。如果被授权者的工作进展比预期慢,他就有可能在做出预期的贡献之前拿到所有的股份,而如果被授权者的工作效率较高，他也无法提前行权。因此，时间期权有可能出现偏差，从而导致不公平。

里程碑期权可以解决这个问题，被授权者只要完成了事先约定的任务就能拿到股份。对业务人员而言，任务可能是拉来投资、拓展客户、建立合伙关系、增加营业收入等。对技术人员而言，任务可能是制作原型、完成开发任务、代码重构、数据库迁移或升级等。

运用里程碑期权有两个基本前提：第一，团队能够客观地评定每个任务是否完成；第二，能够准确地判断每个人对任务的贡献大小。如果无法客观判断任务是否完成，团队成员就有可能为此发生争执，从而造成团队关系紧张。有些任务的完成是几个人共同努力的结果，如果只有一个人因此得到激励，那么其他人就不会再愿意完成与自己的里程碑无关的任务，这有可能破坏团队合作和团队的凝聚力。

另外，里程碑期权也不是万能的。在有些变化较快的行业，创业公司的经营方向和经营策略随时可能发生调整和改变，运用严格的里程碑就不合适。因为这些里程碑可能在公司的经营策略发生变化时被舍弃。里程碑又与大家的期权绑定在一起，结果要么是团队不得不重新分配股权，要么是某些当事人偏执地要求完成已被舍弃的任务，而这些都会导致严重的内部纠纷。

时间期权与里程碑期权各有利弊，创业团队应该根据自己所在的行业和公司的实际情况来进行选择。比如，如果公司的创业方向和经营策略都不可能再发生改变，那么可以优先考虑里程碑期权；如果任务无法明确划分给个人或无法判断个人在其中的贡献（这种情况往往要求团队协作），那么最好考虑时间期权。

现金补偿

比起现阶段能拿到手的薪酬（现金），创业者更看重未来的股权收益。创业公司通常付不起太高的工资或奖金，但是大多数自信而富有激情的创业者并不在乎这一点。Ockham Technologies 创始人吉姆·特里安迪弗洛（Jim Triandiflou）就骄傲地对我表示："不拿工资是创业者的荣誉勋章，我不是来挣工资的，我是一个创业者。"

但是也有人不这样看，他们对于薪酬有着比较明确的要求，比如 UpDown 的创始人迈克尔·瑞奇（Michael Reich）邀请工程师普克·图隆（Phuc Truong）加入创业团队后，普克就明确表示要么拿高薪，要么多拿股份。

普克在加入 UpDown 之前从事软件开发咨询工作，每年的收入有 20 万美元。他对迈克尔说，如果迈克尔希望他全职加入 UpDown，除了分给他股份，至少还要给他开 11 万美元的年薪。如果公司拿不出这么多钱，那就用股份做补偿，每减少 1 万美元，就多分给普克 0.25% 的股份，但最低年薪不能少于 7 万美元。

相比之下，迈克尔创办 UpDown 时还是学生，他对自己拿多少薪酬并不敏感。于是 UpDown 团队里就出现了两个贡献程度相当的创始人薪酬差别很大的情况。

薪酬差异

我的调查数据显示，在尚未融资的创业公司里，63% 的创始团队的内部薪酬水平是大致相当的。而在内部薪酬不相同的创业团队里，最高薪酬和最低薪酬的差距约为 30%。有趣的是，这个差距并不因为融资次数的增加而发生改变，它总是保持在 30% 左右。

我还发现，在这些内部薪酬不相同的团队里，大约有 1/3 的创始人兼 CEO 拿到的薪酬比其他团队成员低。这与大公司里 CEO 总是比大多数人工资高的情况形成鲜明对比[11]。

总体来说，刚成立的创业团队更倾向于选择相同的内部薪酬，而且会持续相当长的时间。例如，Lynx Solutions 的三位创始人在创业期间一直都领相同的薪酬。我的调查数据显示，在融资之前，由两位及两位以上创始人组成的团队，有37%都是拿的相同的薪酬。这个比例会随着每轮融资逐步下降，到了第三轮融资完成，只有19%的团队还保持相同的创始人薪酬。

此外，由两人组成的团队比由三人组成的团队更容易出现薪酬相等的情况。有40%的两人团队在获得外部投资之前薪酬相等；而只有33%的三人团队在此阶段薪酬相等。虽然第三轮融资过后两者的比例都出现了下降，但两人团队的比例仍然高于三人团队：仍有20%的两人团队保持了薪酬相同，而三人团队的比例则降到了13%。

我在调查中还发现一个有趣的现象，不少公司里创始人拿的薪酬都偏低。这是为什么呢？

创业者"折扣"

Lynx Solutions 团队对待自己薪酬的方式很有代表性。刚开始三个人一分钱都不拿，他们希望把钱花在刀刃上——用于建设公司。拿到风险投资后，他们跟新董事会商量每个人拿6万美元的年薪（仍然低于行业平均水平），此时他们仍然觉得自己少拿薪酬是为了公司好。又过了一段时间，三人提出希望把年薪提高到接近行业平均水平（约十几万美金），董事会却只同意提高到9万美元。于是三个创始人威胁董事会，如果不满足他们的要求就集体辞职——这大概是从他们自己的员工那里学来的办法。但这种威胁从创始人嘴里说出来，效果就差得远。

Lynx Solutions 团队并不是创始人拿低薪酬的特例。我调查了 528 家公司里的 1238 位创业者和管理人员。在其他条件相同的情况下，我发现创始人的年薪普遍比非创始成员低，就像打了折扣一般。两者的平均年薪差距为 25000 美元，我称之为创业者"折扣"*。

创业者"折扣"出现的原因，可以用"代理人与管家"理论来解释。

公司里的非创始员工可以看成代理人，比起公司的利益，他们更看重自身利益，因此，公司所有者必须建立某种补偿机制，把代理人的个人利益跟公司的发展目标绑定起来[12]。相比之下，公司的创始人更像管家，他们对公司有深切的归属感，并且在为公司谋发展的过程中可以获得比其他人更高的满足感。

正是因为这种将公司发展和个人前途紧密联系在一起的想法，让大多数创业者对自己的薪酬问题不敏感，而等到他们希

---

* 详细数据请参考作者发表在第 49 期 "Academy of Management Journal" 杂志上的文章《Stewards, agents, and the founder discount: Executive compensation in new ventures》。

望提高薪酬时，这种难以割舍的情感联系又成了他们与董事会谈判的软肋。这就是创始人"折扣"普遍存在的原因。

Lynx Solutions 的三位创始人对董理会的威胁最后没能见效。因为董事会知道他们是虚张声势。三个人已经为公司付出了太多心血，不会仅仅因为薪酬问题离开自己一手创办的公司。

创始人对公司的这种感情依赖有可能逐步降低。随着公司发展，尤其融资之后，公司的股份会逐步分给投资人和其他员工，而创始人的角色也会逐步从"管家"向"代理人"转换。事实上，这时大多数董事会也会逐步提高创始人的薪酬，从而最终消除创始人"折扣"。如果幸运的话，等公司走上正轨后，创始团队一般都会获得可观的回报，到那时，创始人"折扣"就不再是个问题了。

小结

如何分配股权是创业过程中最复杂的一项决策。尽管如此，创业团队应该避免早早地按人头平均分配股权。从长远看，这种做法几乎注定会带来风险。

创业公司变数太多，在业务和团队都没有定型的情况下，过早分配股权会引发一系列的后续纠纷。最好的办法是尽量推迟分配股权，除非因为客观原因不得不分配（比如投资人要求这样做）。在这种情况下，可以考虑签订分阶段的股权分配协议，或者采用合适的期权。这一方面肯定大家到目前为止为公司做出的贡献，另一方面又鼓励大家继续工作，避免有人以逸待劳、坐享其成。

有些人可能会因为个人原因或家庭变故中途离开创业团队，因此在股权分配协议中最好做出相应的约定（包括公司是否可以回购当事人的股权，以什么样的价格回购等），避免为此产生纠纷。

注释
Notes

1. 参见 Hall R.E.、Woodward S.E.的文章《The burden of the nondiversifiable risk of entrepreneurship》，发表于 2010 年《American Economic Review》，100(June): 1163–1194。

2. 参见 Northcraft G.B、Neale M.A.的文章《Experts, amateurs, and real estate: An anchoring-and-adjustment perspective on property pricing decisions》，发表于 1987 年《Organizational Behavior and Human Decision Processes》，39(1): 84–97。

3. 参见 Bhattacharyya S.、Lafontaine F.的文章《Double-sided moral hazard and the nature of share contracts》，发表于 1995 年《RAND Journal of Economics》，26(4): 761–781。

4. 参见 Young J.S.与 Simon W.L.的著作《iCon: Steve Jobs, the Greatest Second Act in the History of Business》，Wiley 出版社 2004 年出版。

5. 参见 Ruef M.的文章《Economic inequality among entrepreneurs》，发表于《Economic Sociology of Work》，Vol. 18: 57–71。

6. 参见 Davidsson P.、Honig B.的文章《The role of social and human capital among nascent entrepreneurs》，发表于 2003 年《Journal of Business Venturing》，18: 301–331。

7. 参见 Bagley C.E、Dauchy C.E.的著作《The Entrepreneur's Guide to Business Law》，Thomson Learning 出版社 2003 年出版。

8. 参见 Strasser J.B.、Becklund L.的著作《Swoosh: The Unauthorized Story of Nike and the Men Who Played There》，Harcourt Brace Jovanovich 出版社 1991 年出版。

9. 参见 Shane S.所著《Illusions of Entrepreneurship》第 69 页，耶鲁大学出版社 2008 年出版。

10. 参见 Alchian A.A、Demsetz H.的文章《Production, information costs and economic organization》，发表于 1972 年《American Economic Review》，62: 777-795。

11. 统计数据来自我 2005 年到 2009 年调查的 1148 家创业公司的 2815 位创始人和创业合伙人。

12. 参见 Jensen M.、Meckling W.的文章《Theory of the firm: Managerial behavior, agency costs and ownership structure》，发表于 1976 年《Journal of Financial Economics》，3: 305-360。

第 7 章
3R 问题
The Three Rs System

第 4 章到第 6 章分别讨论了创业者与谁合伙创业,每个合伙人扮演什么角色,以及如何分配股权的问题。我将这三个问题称为 3R:关系(relationship)、角色(role)和报酬(reward)。

对创业者来说,这三个问题是相互关联、相互影响的(见图 7.1)。任何一个方面的决策都会影响其他两个方面。

还是以埃文·威廉姆斯为例,他选择与女友梅格·胡里安共同创业,并且让她拥有与自己平等的决策权。这些决定都让梅格误以为埃文希望与自己一起分享公司的控制权。然而,后来发生的事表明,埃文并不是这样想的,他坚持认为自己的股份应该比梅格多,并且拒不让出 CEO 的位置。最终梅格拒绝接受埃文作为主要的决策者,并且离开了公司。

像埃文这样控制欲较强的创业者，最好避免与亲友一起创业，这样在划分角色和分配股权的问题上才不会有过多的顾虑，否则就会把自己放在一个既不想得罪亲友，又不想放弃控制权的尴尬位置上。

当然，由于每位创业者的情况都不相同，因此在对待3R问题上不存在放之四海皆准的解决办法。但我认为创业者仍然可以从自身出发找到一种最佳的创业状态，即这三个方面相互协调的平衡状态。

接下来我将逐一分析3R之间的相互影响（关系对角色的影响、关系对报酬的影响、角色对报酬的影响）。希望借此帮助读者找出属于自己的最佳创业状态。

关系对角色的影响

所谓关系对角色的影响是指，团队成员创业之前的关系对团队角色划分的影响。我们将讨论最有代表性的三种创业前关系：亲友、同事和陌生人。

与亲友一起创业

选择与亲友一起创业的人通常只看到有利的一面，比如认为自己了解对方的能力和性格，知根知底。大多数人都觉得亲友会始终支持自己，坚定地站在自己一边，他们不会伤害我们的感情，不会欺骗我们，不会为了利益背叛亲情和友谊。但是这种信任是基于非工作关系的，把亲友变成创业合伙人之后，这种信任将遭遇最严酷的考验。沃兹尼亚克和乔布斯本来是好朋友。两人开始合作后，沃兹尼亚克很快就发现他们的友谊经不起这样的考验。沃兹尼亚克一直很信任的乔布斯，但乔布斯却为了个人利益欺骗了沃兹尼亚克。

亲友关系通常是一种平等关系，因此我们不难推测亲友一起创业的团队更倾向于采用平等的合作关系，而不是等级式的管理关系。我的调查数据也印证了这一点，我比较了由朋友组成的创业团队和由陌生人组成的创业团队，前者选出CEO的比例比后者低8%。

斯坦福大学的一项针对科技创业公司的调查研究（SPEC）也发现，由于习惯了生活中的平等关系，一起创业的亲友更倾向于把这种平等关系平移到工作中。研究小组调查发现，由亲友一起创办的公司里，高达5/6的团队采用了"平等式"的管理模式[1]。这种管理模式有两个特点：第一，团队成员有相同的文化背景且对公司有强烈的依赖感；第二，强调决策必须得到大多成员的同意才能通过。

这一调查结果为亲友共同创业影响公司决策方式提供了有力的证据。因为在那些不时由亲友组成的团队里，采用这种管理方式的比例不到3%。

与同事一起创业

亲友一起创业倾向于采用平等的合作关系，而同事一起创业倾向于形成等级式的管理结构。如果某位创始人比其他人的经验更丰富或资历更深，这种倾向就更明显了。这种由同事关系衍生出来的创业关系具有很好的稳定性。

Ockham Technologies 公司就是由同事一起创办的。创业之前，迈克是吉姆的下属，所以公司成立后，吉姆很自然地担任了 CEO。迈克担任副总监，并向吉姆汇报工作。这种工作关系一度维持得很好。但是当吉姆开始让迈克参与重大决策后，尤其是让迈克加入董事会之后，两人关系反而变得紧张了。这种平等决策结构让迈克对自己角色的理解与吉姆的期望产生了偏差。他们的关系和角色失去了原有的协调与平衡。如果两人想恢复平衡，有两种选择：忘掉原有的上下级关系，接受新的平等关系（事实证明这比较困难）；或者恢复原有的上下级关系。最后两人选择的是后一种方案。

StrongMail 的创始人弗兰克·阿丹特（Frank Addante）和

蒂姆·麦奎林（Tim McQuillen）也遇到了类似的情况。在合伙创办 StrongMail 之前，弗兰克是蒂姆的上级。刚开始创业时，他俩作为共同创始人，有着平等的决策权。但后来，两人还是决定由弗兰克担任 CEO，蒂姆向弗兰克汇报工作，也就是采用等级式的管理方式。

在这两个例子里，团队成员都尝试过采用平等的合作关系。发现行不通后，很容易地就回到了原有的上下级模式。这种转换之所以发生得比较自然，要归功于他们之前的共事经历。如果是亲友共同创业（比如像埃文和他女友那样），这类转换就会困难得多。

与陌生人一起创业

与陌生人一起创业最难的是划分角色。由于彼此不熟悉，也不了解对方的工作能力和工作习惯，如何分配团队角色就成了一个棘手的问题。私人关系的缺失容易导致角色分配出现不协调的情况。

最简单可行的办法是按各人的专业或工作经验来分工，这样做可以避免因职位不清、责任重叠带来的无所适从。Pandora Radio 的创始人蒂姆·韦斯特格伦（Tim Westergren）就表示："我们的团队之前没有共事经验，彼此也不太了解。因此，我觉得最好先采用明确的分工，大家先各自负责自己最擅长的一块，免得在职务上有所重叠。否则，遇到问题大家会面面相觑，不知道应该由谁来出面解决。"

有些人担心过早明确分工会存在隐患，比如 Smartix 的创始人维韦克·库勒（Vivek Khuller）就认为："如果团队成员彼此不了解，而又急于确定分工，事情有可能出现变化。"

他的担心并非没有道理，当创业团队彼此熟悉，并且了解工作的性质和内容后，总会有人提出要调整自己的岗位。但是据我观察，这种调整通常只是个别情况，不会给公司造成大的影响。例如，FeedBurner 的创始团队的迪克·科斯特洛（Dick Costolo）和史蒂夫·奥莱霍夫斯基（Steve Olechowski）经过两次创业的磨合后才确定了两人的分工。第二次创业时，虽然他们之前合作过，但是迪克没想到奥莱霍夫斯基不愿再从事软件开发工作，而希望从事业务拓展方面的工作。业务拓展工作一直是迪克自己在负责。迪克回忆说："彼此了解需要时间，也需要磨合。最后我们决定由奥莱霍夫斯基担任业务负责人试试，处理运营和法律方面的事务。对公司来说，这不是什么大问题。"

讨论了关系对角色的影响后，我们再来看看关系对报酬的影响。

关系对报酬的影响

关系对报酬的影响主要体现在股权的分配上。第 6 章已经分析过,当团队成员的工作能力及其对公司的贡献相差不大时,他们更倾向于平均分配股权;反之,则更倾向于根据工作能力和贡献大小来分配股权。但是,当时我们没有考虑团队成员在创业之前的关系。如果考虑到这一层因素,你会发现团队成员在创业之前的关系对股权的分配倾向有着不可忽视的影响。这种影响表现为,团队成员创业前的关系越亲密,他们平均分配股权的可能性就越高。也就是说,在这种情况下,个人的能力及其对公司的贡献显得不再那么重要了。

研究者马丁·瑞夫(Martin Ruef)专门针对中小企业的股权分配情况做过调研。他的调研结果表明:创业团队中的家庭关系会影响股权分配,如果创业核心团队中有一名创始人的家庭成员,平均来说该家庭成员获得的股份是其他合伙人的1.11倍[2]。

当家庭成员的工作能力和贡献明显偏低时,就容易引发团队内部冲突。乔格·路德维克松(Georg Ludviksson)创办计算机游戏公司 Dimon 时就遇到了这个问题。公司的创始团队里有两人是他的亲戚,另外三人是他的朋友。为了显示自己不偏心,乔格提议平分股权。但是他没想到两位亲戚后来陆续退出了公司的日常运营。等到公司融资成功后，投资人要求团队收回两位亲戚的股权，但亲戚觉得这很不公平。这件事弄得乔格焦头烂额。

我们已经分析过，同事一起辞职创业是比较理想的情况。同事之间彼此熟悉，因此更倾向于按照个人能力和贡献来分配股权。在这种情况下，关系对报酬的影响就小得多，因此不必做过多的讨论。如果是陌生人一起创业，那关系对报酬的影响更是可以忽略不计。

最后，我们来简单看看角色对报酬的影响。

角色对报酬的影响

我与经济学家托马斯·赫尔曼（Thomas Hellmann）的研究数据表明，掌握稀缺能力的人容易获得更多的股份。同样是公司的创始人，CEO、首席科学家、技术专家通常要比其他人获得更多的股份。

比如，我们发现在其他条件相同的情况下，出任 CEO 的创始人比非 CEO 创始人平均多获得 14%~20%的股份。而出任 CTO 的创始人比非 CTO 创始人平均多获得 5%~8%的股份（尽管比 CEO 低，但仍然相当可观）。

我们的调查结果表明,职位越重要的人,得到的股份通常也越多,这与我们的常识是一致的。

小结

在本书的第二部分,我向读者展示了创业者的本能选择往往会给公司未来的发展带来风险。在处理 3R(关系、角色、回报)的问题上,大多数创业团队都选择回避困难,避免纠纷,比如碍于情面让自己的亲友一起参与创业,随意地分配工作岗位,或者选择早早地平分股权等。

这些选择在当时看来是很容易的,也很自然,但事后却让当事人后悔不已。创业者的激情和自信往往会让他们对这些潜在的风险视而不见。这些问题不仅会造成团队内部关系紧张,而且有可能影响创业者自己的私人生活。希望我的调查和分析能帮助读者进一步理解这些风险,提前做好防范。

注释
Notes

1. 参见 Baron J.N.、Burton M.D、Hannan M.T.的文章《The road taken: Origins and evolution of employment systems in emerging companies》，发表于 1996 年《Industrial and Corporate Change》，5(2): 239–275。

2. 参见 Ruef M.的文章《Economic inequality among entrepreneurs》，发表于 2009 年《Economic Sociology of Work》，Vol. 18: 57–71。

第三部分
员工与投资人
HIRES AND INVESTORS

核心创业团队成立后，还有许多问题需要解决。公司要发展必须引入更多的资源，其中最重要的两个方面是招聘人才和吸引投资。

　　在创业公司此后的发展过程中，人员结构和决策机制仍有可能发生变化。为了适应发展，有些公司会引入职业经理人。这些人一般有着丰富的行业经验，具有管理和领导某个职能部门的经验和能力（这往往是核心创业团队缺少的）。他们会分担核心团队的一部分工作，甚至有可能取而代之。

　　值得注意的是，外部资本的引入和分工的细化都要求核心团队进一步让出股权和控制权。外部资源越稀缺（越有价值），对方开出的价码就越高。为了吸引最佳的投资者，核心团队必须放弃一部分股权和若干个董事会席位。为了吸引人才，核心团队不仅要提供足够高的薪酬和股份，也要让出一部分的决策权。我们将看到，这意味着核心团队受到的限制越来越多，甚至有可能让他们丢掉CEO的岗位和董事会的席位。

　　本书第三部分将从招聘员工、引入投资人和CEO的继任人三个方面讨论创业者有可能遇到的各种难题。

第 8 章
招聘窘境
Hiring Dilemmas

招聘是许多创业公司发展过程中的重要任务。即使是最能干的创业者也常常会发现招人很困难。此外,创业团队在招聘员工时常常会带有某种偏好,但这种偏好并不一定符合公司的长远利益。随着公司的发展壮大,当初看起来很理想的决策也许是灾难性的。

有些连续创业者在前后几次创业过程中选择了完全不同的招聘策略。埃文·威廉姆斯创办 Blogger 时,他的愿望是在互联网上为普通大众提供自我表达的平台,他非常看重这一点。他希望公司像一个亲密又默契的大家庭。他招聘的第一批员工都是他的朋友——几位像他一样自学编程的年轻人。为了节约成本,他还在网上(通过 Craigslist 和博客)招聘志愿者为他无偿工作。

可是创办 Odeo 时（此时 Google 收购了 Blogger，埃文已经在 Google 工作了几个月），他对新公司有了不同的规划：他想打造一支"正规军"，重视员工的工作经验和专业素质，让公司尽快升值，然后出售公司获利。他从风险投资公司那里拿到一大笔钱，然后找到猎头，请他们高薪挖来资深程序员和有经验的管理人员。

创办 Blogger 时，公司的招聘任务完全由埃文一人承担，但在 Odeo，他把招聘权完全委托给了猎头。我们该如何理解埃文前后矛盾的决策及其对公司的影响呢？

斯坦福大学的科技创业公司调查研究项目（SPEC）对科技公司的主雇关系做了一个分类。它将主雇关系分成三个维度：招聘类型、工作诉求、管理方式。每个维度又被进一步分类。招聘类型又分为三类，分别是当前技能、长远潜力、价值观（默契度）。工作诉求也分为三类，分别是归属感、成就感、薪酬。管理方式则分为四类，分别是：正式管理，指通过人力资源部门和业绩评估的方式管理雇员；非正式管理，指平等默契的合作方式；直接管理，指通过监控和监督管理；精英化管理，指招聘最优秀的人才，给予充分的自由度。

SPEC 的这套框架为研究创业公司的主雇关系提供了"蓝图"[1]。虽然这张蓝图包含了 36 种（3×3×4）排列组合，但是最常见的只有5种（67%的创业公司都属于这5种类型），它们分别是精英类型、工程师类型、家庭类型、机关类型、独裁类型。

精英类型的特点是招聘有长远潜力、看重工作成就感的员工，并且给予充分自由度；工程师类型的特点是招聘有技术专长、看重工作成就感的员工，采用平等默契的合作方式；家庭类型的特点是招聘彼此有好感、看重归属感的员工，采用平等默契的合作方式；机关类型的特点是招聘有技术专长、看重薪酬的员工，用人力资源的方式加以管理；独裁类型的特点是招聘有技术专长、看重薪酬的员工，通过监控和监督进行管理。

SPEC的调查还发现，始终坚持一种主雇关系的创业公司更容易成功。在所有调查对象中，只有10.9%的公司在主雇关系的三个维度上都出现过变化，而这些公司失败的概率是坚持一种主雇关系的公司的2.3倍[2]。

从这个角度理解埃文·威廉姆斯的创业经历，我们不难看出他创办Blogger时追求的是一个愿景，采用的主雇关系是家庭类型——招聘彼此有好感、重视归属感的员工，采用的是平等默契的合作方式。而创办Odeo时，他的动机变成了尽快出售公司获利，所以采用的主雇关系变成了机关类型——招聘有经验和技术的员工，提供高薪，采用正式的等级管理。

我们不难想象，主雇关系的三个维度是相互影响的，一个维度里的决策有可能会影响到另一个维度的结果。比如，埃文前后两次创业选择招聘不同类型的员工，这显然影响了公司的管理方式，以及公司发展的速度。创办 Blogger 时，埃文最看重的是自己对公司的控制权（以便实现他的愿景）。那时他招聘的员工数量少且缺乏工作经验，这导致 Blogger 的发展比较缓慢。而创办 Odeo 时，他用高薪招聘了一批有工作经验的优秀员工，结果他一个人管理不过来，不得不采用等级式的管理方式。这种集中优势资源的方式让 Odeo 的发展速度大大超过了 Blogger。

有关 SPEC 的这套理论框架，我暂时就介绍到这里。从实际操作上来说，招聘员工也像物色合伙人一样，可以从 3R（关系、角色、报酬）的角度加以考察，下面我就逐一进行分析。

关系

创业公司招聘的员工通常来自哪里？这些员工是否应该与核心团队有私人关系？本节将尝试回答这些问题。

CEO 的人脉

创业公司如果需要招聘新员工，创始人兼 CEO 首先想到的往往是在自己的人脉圈里物色合适的人选[3]，或者让团队成员推荐他们认识的人。这样做有它的理由：了解对方的情况且效率高。我的调查数据显示在创业公司里，创始人兼 CEO 承担了招聘新员工的主要任务，有 49% 的员工是通过 CEO 招聘来的[4]，这一比例远远高于公司的其他职位（如 CTO、CFO 等）。

创始人兼 CEO 招聘自己熟悉且信得过的人一起工作，不但有利于营造舒适的工作氛围，还可以让自己安心把精力放在更重要的工作上，而不是成天担心某些员工会捅娄子[5]。Sittercity 的创始人吉纳维芙·西尔斯（Genevieve Thiers）回忆刚开始创业的情形时说："我当时完全没有招聘员工和管理员工的经验，这对我来说都太难了。我尤其担心自己招到错误的人选。所以从一开始，我就决定从我认识的人里面找，这样做比较保险。"

Pandora Radio 的三位创始人也喜欢借助自己的人脉网络招聘员工，他们相信这样招聘来的员工知根知底，也更可靠。创始人蒂姆·韦斯特格伦（Tim Westergren）解释说："我觉得从陌生的应聘者当中筛选员工难度太大，效率也不高，因为对方提供给你的也许是经过修饰的信息。对于重要的岗位，如果可能的话，我还是倾向于从熟人中物色人选。"

除了 CEO 借助自己的人脉网络开展招聘外，投资人也会推荐他们认为合适的人选。刚开始投资人推荐的人数并不多，但是等到第二轮融资后，通过 CEO 招聘的人数会减少，而投资人推荐的人数比例会增加（在我的调查对象中，这一比例达到了 19%）。

投资人推荐得最多的职位是首席财务官（CFO）。如果 CEO 的人脉圈里没有合适的人选可以担任 CFO，投资人通常会推荐自己的人选。有些敏感的创业者把投资人推荐的 CFO 称为"投资人的眼线，团队里的间谍"。这种说法的真假暂且不论，但投资人对资金的使用和流向更感兴趣，这是不争的事实。我的调查数据显示在所有的管理岗位中，CFO 是投资人最关心的职位，有 26% 的 CFO 是投资人推荐的。相比之下，投资人推荐其他管理岗位的比例就低得多，如 CTO 的比例只有 13%，COO 的比例只有 16%。

总的来说，随着创业公司的发展，CEO 自己招聘的人数会逐渐减少，而从其他途径招聘来的人数会逐渐增加。图 8.1 是根据我的调查数据绘制的，它显示了我调查的所有创业公司中管理层员工的招聘来源和比例。我们不难发现，在创业初期，创始人兼 CEO 招聘的员工比例高达 66%，而从 D 轮融资开始，这一比例下降到了 40%。这也许是因为 CEO 自己可以利用的优质人脉资源已经快用完了。比如 Sittercity 的创始人吉纳维芙回忆说："我很快就发现，如果坚持招聘优秀的人才，就必须到我的人脉圈之外去搜寻。"

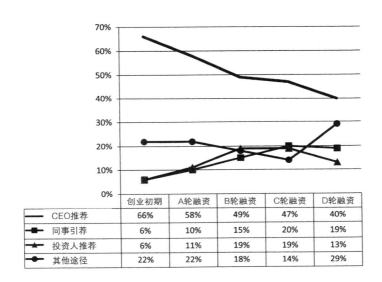

图 8.1 管理岗位的招聘来源

尽管如此，CEO 招聘的人数始终高于其他招聘途径（见图 8.1），该职位对公司的影响和控制力由此可见一斑。

从自己的人脉圈里物色潜在员工虽然有好处，但也有风险。我们来看看其中的风险。

风险

正如与亲友一起创业有风险一样，招聘亲友为自己工作同样存在风险。这主要是因为负责招聘的人有可能碍于情面，不愿意详细讨论让双方难堪的问题，比如对工作能力的要求，详细的工作内容、奖惩规定等。

Pandora Radio 的创始人蒂姆·韦斯特格伦就遇到这样的问题。他招聘了几个朋友为自己工作,事后他说:"最初我把友谊和生意混为一谈……后来,为了公司的利益,我做了一些决定,我的朋友很不理解。但是在公司里,友情只能退居第二位,因为我要对整个团队负责。尽管我认为自己有理由这样做,但是与朋友疏远关系仍然让我感到伤心。"

另一位创业者对我说:"我的合伙人推荐他的亲戚来公司工作,我当时很信任他,所以没有回绝。后来我发现他的亲戚无法胜任这份工作,但是碍于情面,我又不好开除他。结果我雇用了一个无法开除的人,而且发给他的工资远远超过他的实际工作能力。"

招聘亲友为自己工作必须谨慎,除非你有把握控制局面,否则后果很可能是两败俱伤。第 3 章分析过如何物色合伙人。招聘员工的原则基本上与物色合伙人是一样的,如果你希望从熟人当中招聘员工,最佳的候选人是以前与你一起工作过的同事,其次是曾经一起实习过的同学,最后才是亲戚朋友。除非你了解亲友的工作能力和工作习惯,否则不要轻易招聘他们。一般来说,招聘亲友还不如招聘陌生人。

角色

创业公司的人员结构刚开始通常是头重脚轻,主管(CEO、CTO、CFO 等)比员工还多。但是,随着公司的发展壮大,它会聚集越来越多的资源,也变得更加正式化。同时,主管下面会出现各种副主管,协助主管完成工作,以便主管更好地利用自己的时间。在这个过程中,团队会面临两个挑战:如何设置新的主管岗位和副主管岗位;是否应该用更合适的人选替换原来的主管。

新增岗位

创业公司成熟后,管理团队会出现两个明显的变化,首先是管理团队总人数的增长,其次是副主管人数明显增加。我调查的创业公司在初期(A 轮融资之前)平均有 3.6 名管理者(包括主管和副主管),而到了 E 轮融资后,这个数字变成了 5.7。此外,创业初期主管的平均人数比副主管多,而到了 E 轮融资后,副主管的平均人数超过了主管人数(见图 8.2)。

新出现的主管岗位里占主要位置的是 CFO。在创业初期,只有 4% 的公司设置了 CFO 的岗位,但是随着公司面临的财务问题越来越复杂,团队不得不为此设置一个岗位。到 E 轮融资之后,70% 的公司都有了 CFO。

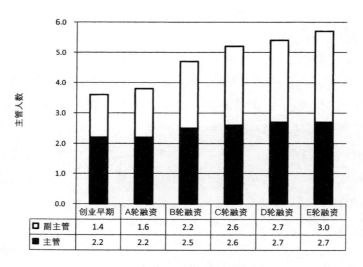

图 8.2　创业公司管理层的变化

也有些主管岗位没有发生变化，其中一个是 COO。据我统计，在首轮融资之前，33% 的公司有 COO（其中 1/3 是由创始人兼任），而到了 E 轮融资之后，这一比例几乎没有变化。这可能是因为这些创业公司并不需要 COO，设置 COO 只是为了给某位创始人安排一个主管的位置，也有可能 COO 是辅助 CEO 工作的。高级猎头公司 J. Robert Scott 的负责人比尔·霍洛纳克（Bill Holodnak）对我说："如果你发现创业团队有 COO，那说明 COO 和 CEO 两者中必然有一个能力不足。"比尔的说法也许有些武断，但值得创业团队反思，哪些管理岗位是确实需要的。

此外，副主管的人数开始明显增加。比如融资前只有19%的创业公司有商务副总监（vice president），E轮融资后这个数字增长到了36%。融资前22%的创业公司有市场副总监，E轮融资后这个比例变成了37%。

销售副总监是所有创业公司都比较重视的一个岗位，融资前已经有37%的创业公司设有销售副总监，而E轮融资后该比例达到57%。有些公司虽然没有设置销售副总监的岗位，但这方面的工作是由某位创始人兼任的，所以实际比例应该比我的统计数据还要高一些[6]。

唯一没有增长的是人力资源副总监；即使到了E轮融资之后，也只有20%的公司设置了这个职位。迪克·科斯特洛（Dick Costolo）创办Spyonit和FeedBurner的经历也许可以解释其中的缘由。创办Spyonit时，迪克招聘了一名人力资源副总监，但是后来创办FeedBurner时，他决定不再设置这个岗位。迪克回忆说："创办Spyonit时，我们几个人都不想管招聘的事，所以在团队只有6个人的时候，我们就聘请了一位人力资源副总监。几个月后，团队发现一个新软件模块问题很多，这时我们才意识到新来的程序员无法胜任这项工作。这个人就是人力资源副总监招进来的。从那以后，我决定不再设置人力资源副总监的岗位。我宁愿招一位财务副总监，让他帮我打点财务，这样我就有更多的时间自己负责招聘。至于人力资源的其他工作，交给较低级别的员工处理就行了，用不着设一位副总监。"

随着公司的发展，团队招聘的普通员工也越来越多。我们通常使用结构杠杆的概念来衡量团队的人员结构。结构杠杆是指公司非管理人员数与管理人员数的比例[7]。图 8.3 显示了我调查的创业公司结构杠杆的平均变化情况。我们不难看出在创业初期结构杠杆数值较低，约为 2.5（即平均每位管理人员带领 2.5 位普通员工）。随后，结构杠杆不断上升，等到 E 轮融资完成后数值提高到了 9。结构杠杆越高说明管理团队的工作效率越高，表率作用越强[8]。同时也要求公司采取更正式的等级管理方式。

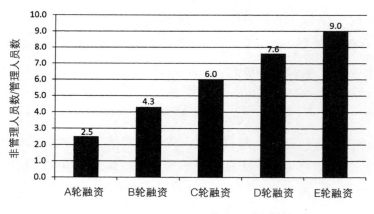

图 8.3　创业公司结构杠杆的变化

公司要管理人数众多的员工，就不能再采用创业初期那种松散的、平面化的管理方式,而必须采用等级化、结构化的管理,比如明确决策方式,规范工作要求,强调岗位职责等。FeedBurner 的创始人迪克回忆说:"公司变大后,我们有许多业务顾不过来,所以我在西海岸招了一个人,让他负责那边的业务。当时史蒂夫和我都在管业务拓展,所以我们都参与指导他的工作。这个人没干多久就辞职了,他觉得不知道应该听谁的,因为我和史蒂夫每次给他的任务都不同。后来我们也发现了这个问题,我们两人的分工不明确,给下面的员工带来了困扰。我们当时用的还是创业初期的松散管理办法。而公司变大后,这种方式很容易制造混乱。这件事提醒我们是时候采用规范化、结构化的管理方式了。"

公司变大除了管理岗位会增加,还常常面临另一个问题,即如何替换那些不再符合岗位要求的管理者。

管理岗位换人

团队成长要求每个管理岗位上的人也跟着一起成长。比如,CTO 最初的工作任务是动手设计和开发系统,此时可能变成了负责组织和管理技术团队;销售副总监最初也许是公司的第一个销售人员,现在他的主要工作可能变成了领导销售团队,制定销售方案和激励措施。有些管理者能够适应这种工作性质的变化,顺利从"球员"成长为"教练",但还有一些人却无法适应这种变化。这时团队就得考虑是继续等待他成长，还是用一个能力更强，可以胜任这个岗位的人替换他。

在我的调查对象里，多数创业公司都存在这种替换情况。创业公司的管理岗位通常都是由最初的核心成员出任，而每一轮融资之后，最初的核心成员在主管和副主管岗位上的人数比例都会下降，每一轮的降幅从4%~17%不等。

然而，要替换表现不佳的人并不容易。在很多情况下，即便这个人的工作表现已经明显拖了公司的后腿，创始人兼CEO依然会碍于情面，不忍心把他替换下来。

这样的情况反过来提醒创业团队，设置管理岗位时应该更加谨慎。创业公司刚开始难免资金不足，开不出有吸引力的薪酬。在这种情况下，有些创业者为了吸引应聘者，就给对方一个多余的管理岗位，让对方得到心理上的满足。这种做法尤其值得反思。

已经处在管理岗位上的人通常不愿意接受更低的职位。Masergy的创始人巴里·诺尔斯（Barry Nalls）对此深有感触："我们的业务发展得很快。第一年，公司的销售总监手下只有两个人。到了第二年，公司的业务就覆盖到了全美国，他还要管理包括伦敦在内的多个国际办事处。这时，我明显感觉到他在工作上有些力不从心了。我与他商量，希望他担任销售副总监,再引入一位工作经验更丰富的销售经理担任销售总监。这个提议引起了他极大的不满。我意识到有必要对每个向我汇报工作的人说清楚,如果他们无法与公司一起成长,有可能会被其他人替换。这样说有点伤人,但事先说明却很有必要。"

讨论了岗位变化的情况后,我们再来看看如何招聘新员工。

招聘什么样的人?

招聘新员工时,创业者通常会考虑是招聘通才还是专才,是否应该招聘曾经在大公司工作过的人,招聘新手还是老手。这几个问题与公司的规模和所处的发展阶段有关,接下来我将逐一分析其中的利弊。

通才与专才

是招聘可以灵活适应多个岗位的通才,还是招聘擅长完成某一类工作任务的专才?在创业初期,大多数公司倾向于招聘通才。因为此时公司还处在探索阶段,产品方向和商业模式尚未确定,公司的发展战略随时可能发生变化,灵活的角色比固定的职位更能适应这种不确定性。

此外,创业初期往往人手不够,一个人当两三个人用,所以创业公司更希望招聘能够随时在不同的岗位上补位的通才[9]。即便是应聘特定的岗位，如果应聘者还有其他特长，也会成为他的加分项。FeedBurner 的创始人迪克·科斯特洛（Dick Costolo）对我说："公司最早的一批员工几乎都在完全不同的岗位上工作过。"这种灵活性对于充满不确定性的创业公司尤其重要。

在创业初期，如果某位员工不能或者不愿从事其他工作任务，无疑会拖团队后腿。迪克说："这就好比你还不确定要组织交响乐队还是军乐团。这时招聘一位只会拉大提琴的乐手就很不明智。如果最后成立的是军乐团，这位大提琴手会干得很不愉快。"

等到公司的业务方向稳定下来后，需要通过正规的流程和管理提高工作效率，这时公司招聘的主要是专才。迪克回忆说："FeedBurner 的员工数量达到 20 个时，我们意识到应该开始招聘专才了[10]。首先出现这种变化的是技术部门，那时我们急需一位 Java 程序员接管和改进之前开发的 Java 程序，他必须在 Java 开发方面有较深的造诣，否则就无法完成重构的任务。这时我们已经不再考虑他会不会 C++，或者会不会管理网络服务器了……我们的工作要求非常具体。"

Lynx Solutions 的詹姆斯·米尔默（James Milmo）回忆说：

"等到公司发展到某个阶段,你会发现你对新员工创造力的要求会降低,这时你需要的是不那么好奇并且能够安心把一份工作做好的人。"

大公司背景

另一个摆在招聘者面前的问题是:是否应该招聘曾经在大公司工作的人。在大公司工作过的人通常更专业化,并习惯在正规的组织里按流程工作,相比之下,在小公司工作的人往往动手能力更强,而且容易适应多种角色。

在大公司工作过的人更适应在流程和制度下工作,但是其工作效率并不见得很高。比如 StrongMail 的创始人弗兰克·阿丹特(Frank Addante)就向我讲述过他犯的招聘错误,他说:"我们曾经通过猎头招聘过一位销售副总监,他在甲骨文和 IBM 工作过,履历非常漂亮,口才也很好。然而,他进公司后 3 个月里没有任何工作成效。他既没有制订计划和策略,也没有招聘一个人。他习惯了按指示工作,无法主动地开展工作。如果你有个引擎,他可以帮你发动,但他自己不会做引擎。而创业公司需要的是自己做引擎的能力。"

Masergy 的创始人巴里·诺尔斯(Barry Nalls)也遇到过类似的问题,他回忆道:"我们以前的销售主管曾经在一家大公司负责销售管理,那时他有一个很棒的团队。但是他在我们这里却总是施展不开。后来我渐渐发现，他的特长是管理团队，监控进度，而一旦要求他自己动手，他就束手无策了。但是我们恰恰需要每个人（包括我自己）都直接做出贡献。招聘大公司的管理人员，尤其要小心。如果他们最近引以为豪的项目是五六年前做的，这绝对是一个危险信号。"

无线广告公司 Zondigo 曾经组织了一支"全明星"的管理团队，公司的高管来自 UPS、Visa、可口可乐、哥伦比亚影业以及英特尔等知名公司。但是这支"梦之队"却叫人大失所望。一位当事人回忆说："这帮人花了许多时间思考、讨论和分析，却拿不出一个具体的行动计划。他们总是在争论，结果是一事无成。"

老手与新手

招聘老手还是新手似乎不是一个问题，谁不愿意招聘有工作经验的人呢？不过这里也有一个前提，那就是公司能负担得起他们的薪酬。图 8.4 展示了我调查的创业公司招聘主管的工作经验变化情况。不难看出，在融资之前它们通常会雇用工作经验相对较少的人。而随着每一轮的融资成功，公司招聘主管的工作年限也越来越长。

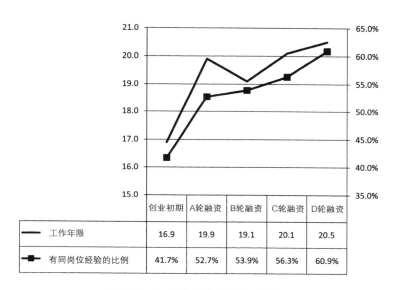

图 8.4 主管的工作经验变化情况

总的来说，招聘有经验的员工有如下优点。

能力、人脉、可靠度 有工作经验的人工作能力通常更强，人脉关系更丰富，做事也更靠谱。

省心 有工作经验的人，通常可以快速上手，独当一面。如果是管理者，他们可以迅速带领新下属进入工作状态，让创业者自己节省很多精力。

招聘有经验的员工需要注意两点。

预算 有工作经验的人的薪酬通常比没有经验的人高，招聘有工作经验的人会提高公司的工资成本，增加公司现金流的负担。如果公司因此出现停发工资的情况，不仅会造成员工情绪不满，还有可能引官司上身。

文化认同　有工作经验的人，通常习惯了原公司的企业文化和流程制度，有自己工作的习惯，在工作方向的大问题上，也许与创业团队有不同的看法。这一点值得注意。要避免这种情况，一般来说应该招聘兴趣广泛、心胸开阔、容易接受新事物的人。

最后，我们来看看为管理岗位设置薪酬和股份时值得注意的问题。

报酬

创业者除了薪酬和股份外，还能获得精神上的满足，而普通管理人员往往比较看重工资和奖金。资金紧张的创业公司开出的工资和奖金通常无法与大公司相比，因此如何设置工资和奖金，使其与员工的工作表现和业绩一致[11]，就值得探讨。本节将比较不同的激励形式的差异。

薪酬

薪酬包括相对稳定的工资和基于业绩表现的奖金。我将以IT行业为例,介绍一般外聘管理人员的工资和奖金的大致情况,同时与生物技术行业做简单的比较。

工资

最近十几年,IT 产业经历了两次大的波动,第一次是在2000年左右到达高峰,但随后泡沫破灭,整个产业在2001年到 2003 年进入低谷期;第二次是 2007 年的复苏,随后又因2008年的金融危机再次下滑。图 8.5 展示了从 2000 年到 2009年创业公司外聘管理层平均年薪的变化情况。这种变化基本上与整个产业的经济发展轨迹保持了一致(略有滞后):在 2002年和 2009 年的两次萧条期出现大幅下降,其余时间则稳步回升。

除了经济大环境外,影响外聘管理者工资高低的主要因素有以下几项。

职位 在同一个公司内部,外聘主管的工资通常比外聘副主管高(相反的特例比较少见)。在所有的外聘管理者中,平均年薪最高的两个职位是 CEO(21.7 万美元)和 COO(17.6 万美元)。随后是 CTO、CFO、业务副总监、销售副总监、市场副总监，这些岗位的平均年薪在 14.7 万美元到 15.5 万美元之间。平均年薪的这种差别从某个层面上说明了这些岗位对公司的重要程度[12]。

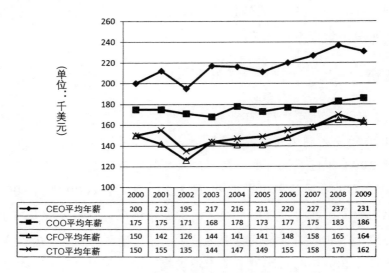

图 8.5　2000—2009 年外聘管理层年薪变化情况

公司发展状况　公司融资次数越多，规模越大，营业收入越高，其工资水平就越高。我的调查数据印证了这一点。我首先将调查对象分成两组，一组是融资两轮以内的公司（含两轮），另一组是融资三轮及三轮以上的公司。调查数据表明，对于相同的外聘主管岗位，第二组公司给出的平均年薪比第一组高 14%。再按照员工人数分组，40 人以内的公司分成一组，40

人以上的公司分成另一组，对于相同的外聘主管岗位，第二组公司给出的平均年薪比第一组高 18%。最后，按照营业收入分组，营业收入在 500 万美元以内的分为一组，营业收入在 500 万美元以上的分为一组，对于相同的外聘主管岗位，第二组公司给出的平均年薪比第一组高 11%。

行业　不同行业的工资水平存在明显的差异。生物技术产业的平均工资比 IT 产业的平均工资高。比如，2009 年生物技术领域创业公司的外聘 CEO 的平均年薪是 28.5 万美元，相比之下，IT 创业公司的外聘 CEO 平均年薪只有 23.1 万美元，相差 5.4 万美元。其他外聘管理岗位的平均年薪也存在类似的情况，差距从 3.1 万美元到 3.6 万美元不等（19%~22%）。而在 2000 年到 2009 年的十年里，生物技术领域创业公司外聘 CEO 的平均年薪比 IT 创业公司外聘 CEO 的平均年薪高 27%。

有趣的是，在 IT 行业里地理位置对工资的影响并不大。在加利福尼亚州和新英格兰地区（IT 创业公司聚集区），平均工资只比其他地区高 1%，几乎可以忽略不计。

奖金

对很多人来说，奖金是薪酬的重要组成部分。奖金通常与个人的业绩和贡献挂钩。在我的调查对象里，奖金占总薪酬的平均比例为 28%。但是不同职位之间的区别很大。图 8.6 显示了我调查的 IT 公司外聘管理岗位奖金占其总薪酬的平均比例。销售副总监的奖金占其总薪酬的平均比例高达 49%，相比之下，CEO 的奖金占其总薪酬的平均比例只有 37%。

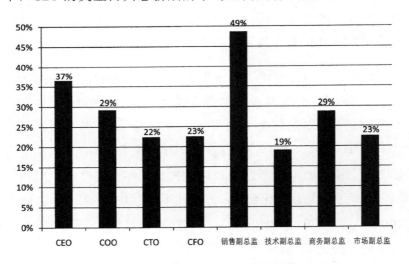

图 8.6　不同外聘岗位奖金占总薪酬的平均比例

连续创业并担任 CEO 的迪克·科斯特洛（Dick Costolo）总结道："不同的岗位应该设置不同的奖金，销售人员对奖金的激励作用非常敏感，而程序员和工程师则倾向于按月领固定的工资。因此，销售人员的基本工资可以定低一点，但是奖金的设置应该尽可能地鼓励他们超额完成任务。作为 CEO，我已经习惯了手下的销售人员拿的奖金是我的 4 倍。"

其次，奖金的多少也受行业影响。IT 行业创业公司的奖金占总薪酬的平均比例比生物技术行业高，比如 IT 行业外聘 CEO 的奖金占总薪酬的平均比例为 37%，而生物技术行业外聘 CEO 的奖金占总薪酬的平均比例为 28%，其他管理岗位也存在类似的情况。这可能反映了 IT 行业的风险要普遍高于生物技术行业。

性别差异

美国大公司的薪酬存在明显的性别差异，女性的薪酬平均比男性低 20%~25%。尽管各大公司为了树立积极正面的公司形象，避免被媒体和公众指责歧视妇女，一直试图通过人力资源部门和各种措施缩小这种差异，但始终无法完全消除它。

此外，女性占据的管理岗位比男性少得多。在我的调查对象里，IT 行业管理岗位中女性的比例只有 10.7%，生物技术行业管理岗位中女性的比例稍高一点，为 17.6%[13]。另外，只有 3.1% 的 IT 公司的 CEO 是女性，生物技术行业的情况好一点，有 7.9% 的公司 CEO 是女性。女性担任最多的管理岗位是人力资源副总监，超过 3/4 的公司这一职位由女性担任，其次是市场副总监，有 19.1% 的 IT 公司市场副总监是由女性担任，生物技术公司的比例则为 41.9%。

另一项有趣的发现是地域因素对两性薪酬的差距有影响。

在创业公司聚集的加利福尼亚州和马萨诸塞州，两性平均年薪的差距不大，不到一万美元，而在其他地区，差距则显著增加。这也许是因为女性希望追求平衡安稳的生活方式，因而更喜欢选择到小城市就业生活。

公司的发展状况也对两性薪酬差距有影响。创业早期，这种差距较小（男女平均年薪相差约一万美元），随着公司的规模逐渐变大，这种差距也变得越来越明显，最后差距可以达到20%~25%。

股份

在我的调查对象里，主管与副主管持有股份的差距远远高于他们年薪的差距，也就是说，股份的多少受职位高低的影响更大。外聘CEO持有的股份远远高于其他外聘主管和外聘副主管。我的调查数据表明，外聘CEO持有的股权平均为6.0%，外聘COO持有的股权平均为2.9%，外聘CTO持有的股权平均为1.7%，外聘CFO持有的股权平均为1.3%，而副主管的股权平均从1.0%到1.3%不等。

图8.7比较了不同外聘管理岗位股权及年薪的差异。我将市场副总监的平均股权和平均年薪作为基准值（均设为1），其他管理岗位的平均股权和平均年薪以其倍数的形式表示。从

图中不难看出，不同外聘管理岗位的年薪差距远没有股权差距大。CEO 的平均年薪是市场副总监的 1.65 倍，但是 CEO 的平均股权却达到了市场副总监的 6.21 倍。

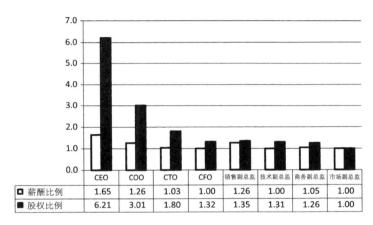

	CEO	COO	CTO	CFO	销售副总监	技术副总监	商务副总监	市场副总监
□ 薪酬比例	1.65	1.26	1.03	1.00	1.26	1.00	1.05	1.00
■ 股权比例	6.21	3.01	1.80	1.32	1.35	1.31	1.26	1.00

图 8.7　不同外聘管理岗位股权及年薪的差异

公司的发展状况也对股份有影响。随着公司的每一次融资，股权持有者的股份都会被稀释，因为要新增股份给投资人。例如，原来某外聘 CEO 持有公司 10% 的股份，如果公司以 1000 万美元的估值融资 500 万美元，该 CEO 的股份就被稀释成了 6.7%。此外，处于创业初期的公司风险高而薪酬低，为了吸引人才，通常会提供较多的股份。而公司发展壮大、资金充足后，会采取用高薪吸引人才的办法，提供的股份也就相应降低了。比如，我的统计数据表明，融资两次以下的 IT 公司，其外聘

CEO 持有的股份平均为 7.1%，而融资三次及三次以上的 IT 公司，其外聘 CEO 持有的股份平均为 5.2%，两者的差距为 1.9%。而生物技术行业的这种差距更明显，为 2.5%。

鉴于这种情况，为了吸引人才，促进公司的长远发展，投资人通常会要求创业公司在接受投资前设立（或重新设立）期权池，并规定期权池的期权只能发给员工，不能发给投资人。这样期权池除了吸引人才，还可以用来奖励工作表现优异的员工。

我还发现，IT 公司的外聘管理者持有的平均股份比生物技术公司外聘管理者持有的平均股份高，差距为 0.5%。综合前面有关奖金的分析，我们可以得出这样一个结论：IT 行业的从业者比生物技术行业的从业者更看重奖金和股份（而不是工资），这从一个侧面说明 IT 行业的风险要高于生物技术行业。

期权

第 6 章曾提到期权可以分为两种：时间期权和里程碑期权。我的调查表明，外聘 CEO 通常得到的是时间期权，只有 10% 的外聘 CEO 得到的是里程碑期权。我还发现，超过 3/4 的外聘 CEO 收到的是为期 4 年的期权（如图 8.8 所示）。这说明大多数公司沿用了 4 年的行规，而不是根据每位 CEO 的实际情况来设置期权期限。

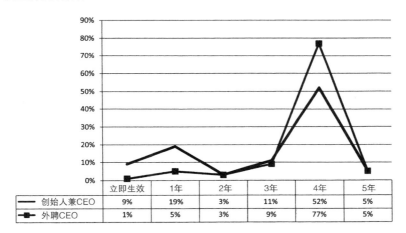

图 8.8　CEO 行权时间与比例

图 8.8 显示创始人兼 CEO 与外聘 CEO 的行权时间有着明显的差别。创始人兼 CEO 的行权时间要比外聘 CEO 平均少 6 个月。这大概是因为创始人前期已经为公司的发展做出了贡献，而且他们也不会轻易离开公司。第 6 章曾谈到，由于创始人对公司付出了太多心血，因此在与董事会谈薪酬时往往处于弱势地位。现在我们看到，这种付出是有回报的，至少在期权问题上，创始人兼 CEO 明显要比外聘 CEO 有优势。

通常，如果员工的薪酬高，股份就低，反之亦然。FeedBurner 的创始人迪克·科斯特洛（Dick Costolo）就表示："应聘者雇员要么选择高于行业标准的股份和低于行业标准的薪酬,要么选择高于行业标准的薪酬和低于行业标准的股份。如果有人想要高工资,我会提醒他,如果出售公司时其他同事发了财,而他拿到手的只有工资,可不能抱怨。"

调查数据也印证了这种观点。我以年薪 20 万美元为界线,将调查的外聘 CEO 分成两组。年薪 20 万美元以下为一组,年薪 20 万美元以上为一组。前一组 CEO 持有的股权平均为 8.49%,而后一组 CEO 持有的股权平均为 6.46%。其他管理岗位也存在类似的情况。

小结

招聘员工像物色合伙人一样有许多值得注意的地方。在公司发展的不同阶段,有不同的招聘要求,创业者在做出某项决策时,应该考虑到未来有可能出现的变化。比如,在创业初期招聘年轻员工时,创始人就要考虑将来如何用更有经验的人来替换他们或者领导他们;在创业初期组建由通才组成的团队时,创业者就要考虑将来如何让团队向专业化的方向发展;在创业初期为团队成员设置薪酬(或期权)方案时,就要考虑到这种方案能否适应未来公司的发展和人事变动。本章展示的统计数据表明这种变化是确实存在的,它不以创业者的意志为转移,因此值得注意。

创业者常犯的另一类错误是把自己的亲戚和朋友招进公司。开始时,他们会觉得有亲友在身边工作让人感到安心,但是一旦亲友无法胜任工作,或者产生利益纠纷,将会给创业者本人带来极大的精神压力。如果创业者想招聘熟人为自己工作,最好从一起共事过的前同事中物色人选。

最后,不同的岗位需要不同的激励方式。程序员更看重稳定的工资,而销售人员更看重可能拿到手的奖金。合理设置薪酬,不但能更好地激发员工的工作潜力,还可以淘汰不称职的员工,避免有可能引起的连锁反应。迪克·科斯特洛回忆说:"最糟糕的情况是你把不称职的人招进了公司,然后他们变成了大家的朋友。当你要开除他们时,大家在情感上接受不了自己的朋友被开除的事实。"

巧妙地设置薪酬也许可以解决这个问题,比如,给销售人员开出低工资和高奖金的薪酬可以吓退那些没有能力完成工作任务的人,让他们自行离职。迪克就是这样做的,他说:"销售人员完不成业绩就拿不到奖金,如果他无法完成工作目标,很快就会另谋出路。"不幸的是,首次创业者很少有这样成熟的理解,即便是迪克自己也是到了第四次创业时才有了这种体会。

注释

Notes

1. 从1994年开始，SPEC跟踪了加州硅谷地区172家高科技企业。

2. 参见Baron J.N.、Hannan M.T.的文章《Organizational blueprints for success in high-technology start-ups: Lessons from SPEC》，发表于2002年《California Management Review》，44(3): 8–36。

3. 参见Baker T.、Miner A.S.和Eesley D.T.的文章《Improvising firms: Bricolage, account-giving, and improvisational competencies in the founding process》，发表于2003年《Research Policy》，32: 255–276。

4. 调查数据来自2007年到2009年的年度调查，共计1522位调查对象，包括285位CFO、202位CTO/CSO、121位COO，以及914位VP。

5. 参见Aldrich H.和Ruef M.所著《Organizations Evolving(2nd edition)》，SAGE出版社2006年出版。

6. 参见Amar Bhide所著《The origin and evolution of new businesses》第49页，牛津大学出版社2000年出版。

7. 参见Sherer P.D.的文章《Leveraging human assets in law firms: Human capital structures and organizational capabilities》，发表于1995年《Industrial and Labor Relations Review》，48: 671–691。

8. 参见 Hitt M.A.、Bierman L.、Shimizu K.、Kochhar R.的文章《Direct and moderating effects of human capital on strategy and performance in professional service firms: A resource-based perspective》，发表于 2001 年《Academy of Management Journal》，44(1): 13–28。

9. 参见 Baker T.、Aldrich H.的文章《Friends and strangers: Early hiring practices and idiosyncratic jobs》，发表于 1994 年《Frontiers of Entrepreneurship Research》，13: 75–87。

10. 同上。

11. 参见 Aldrich H.和 Ruef M.所著《Organizations Evolving(2nd edition)》，SAGE 出版社 2006 年出版。

12. 参见 Carpenter M.、Wade J.2002 年的文章《Microlevel opportunity structures as determinants of non-CEO executive pay》，发表于 2002 年《Academy of Management Journal》，45(6): 1085–1103。

13. 调查数据来自我 2008 年的年度调研，调查对象包括 459 家公司的 2202 位公司管理人员。

第 9 章
投资人
Investor Dilemmas

埃文·威廉姆斯创办 Blogger 和 Odeo 时，选择了截然不同的融资方式。创办 Blogger 时，公司的运营费用是他和女友梅格·胡里安轮流替惠普开发网页挣来的。他们本来寄希望 Blogger 通过销售软件授权实现正向现金流（即收入大于支出），这样公司就不必融资。但是埃文很快发现钱不够用了，他们需要更多的资金才能完成产品开发。1999 年前后正是互联网创业的黄金时间，有风险投资找上门来，但都被埃文拒绝了，因为他不愿意"将公司的大部分股权转让给外人"。

埃文选择了向亲友借钱。他们从包括梅格父母在内的亲友处借来了 50 万美元，条件是把公司 20% 的股权分给借钱的人。埃文解释说："我们不想借太多钱，能保住公司 80% 的股权，我很满意。"

互联网泡沫破灭后,这笔钱很快就花光了。埃文固执地拒绝了所有收购提议,他靠透支自己的信用卡来支撑公司。最后,他不得不解雇了所有的员工,独自一人守着Blogger。

埃文在2002年把Blogger卖给了Google,不久后开始创办播客网站Odeo。这一次,他用出售Blogger获得的部分收益作为启动资金。很快,他发现了播客市场的巨大潜力,为了赶在竞争对手(苹果和雅虎)之前推出Odeo,他开始主动寻找风险投资。埃文创办Blogger的经历证明了他的能力,这让他很轻松地从一家一流的风险投资公司拿到了500万美元的投资。投资方则获得了公司30%的股份,以及1.5倍的优先清算权[*]。两位创始人在五人董事会中获得了两个席位。当时,还有一位天使投资人愿意出资100万美元,但最后埃文还是选择了风险投资提供的500万美元。

专业投资人在创业公司的发展过程中发挥着重要的作用。在Google、eBay、Genentech这些成功的公司里都可以找到他们的身影。然而,投资给创业公司是有风险的,要面对许多不确定因素,包括创业者本身的能力、动机,以及市场潜力等。

---

[*] 优先清算权是风险投资公司与融资公司之间达成的一种协议,如果未来融资公司要清算或结束业务,风险投资公司具有的优先于其他普通股东获得分配的权利。稍后还会详细讨论。

为了控制风险，投资人会要求创业者接受一些条件，比如优先清算权、创业者期权，有限的董事会席位等。这些条件一般都是业界普遍接受的，各方只需尽量保全自己的利益，即可更好地实现共赢[1]。不过，我也注意到，有些条件会使创业者与投资人之间的关系趋于紧张。埃文的风险投资人开出的条件就是这样。

引入投资人

创业公司的生存和发展需要足够的资金。对大多数创业者来说，寻求外部投资是唯一的办法。在这种情况下，一个新的角色——投资人——将开始参与公司的决策。投资人可能给公司带来显著的变化，甚至是意料之外的变化。

本书所涉及的话题中，没有比投资人问题和财务问题更能吸引学术界的注意了。学术界虽未曾认真研究团队内部的资金问题（如股权分配），却对涉及外部投资者的融资问题颇为关心。本章无意探讨既有的研究成果或细究融资条款的利弊，我会着重探讨创业者最关心的问题——那些会对公司的控制权和发展带来深远影响的融资决定。我们还将讨论董事会的组建和管理。

我将首先审视一个关键的早期决策：自筹资金还是用外部

投资人的钱。然后我会详述三种最常见的外部融资途径的差异（分别是向亲友借钱、天使投资、风险投资）。我将从以下四个角度开展讨论：投资人的资金来源（这决定了他们的动机），创始人接触到投资人的难易程度，投资人能带来价值的潜力，创业者要面对的代价和风险。本章会继续以埃文·威廉姆斯和 Ockham Technologies（一家销售自动化管理软件公司）的经历为案例，讲述创业者及其团队要面对的问题。

自筹资金

有些创业者选择拒绝融资。吉姆·特里安迪弗洛（Jim Triandiflou）和迈克·迈森海默（Mike Meisenheimer）刚开始创办 Ockham Technologies 时就吸引了 Monarch Capital Partners 这家风险投资公司的注意。对方愿意提供 200 万美元，但被吉姆和迈克回绝了。他俩决定用自己的 15 万美元创业。吉姆解释说："我们觉得应该先接几单生意，一旦我们证明了这主意可行，公司会更值钱。"

在我调查的对象中，有 77% 的公司的启动资金是创始人自掏腰包，不过这些公司通常很快就会缺钱。我统计的结果表明，未融资的创业公司平均的"烧钱速度"（消耗现金的速度）是每月 7.5 万美元，而这些创业公司用完启动资金的平均时间是

4个月多一点。

创业是试错的过程,需要时间收集和评估数据以确认哪些有用,哪些没用,然后借此调整运营策略和经营方式。比尔·萨尔曼(Bill Sahlman)教授指出,对创业公司而言,资金可以换取时间。

资金储备不足的创业公司更容易遇到问题,解散的可能性也更大[2]。例如,巴里·诺尔斯(Barry Nalls)第一次创业开的是一家咨询公司。巴里回忆当时的困苦说:"创业后我一天都没休息过,钱也是我出的……公司开不出工资,我自己兜里的钱也用完了,连维持日常生活都困难,没有比这更惨的了。"最终,由于业绩没有起色,加上资金短缺,巴里只能返回老东家GTE重新工作。

尽管靠自筹资金创业很困难,仍然有一些创业者坚持不融资。这些创业者通常特别在意公司的控制权,希望自由地制定经营决策。另外,有些人不希望把本该用来发展业务的时间花在与投资人打交道上。布赖恩·斯库达莫尔(Brian Scudamore)创业之前就下定决心绝不引入投资,他说:"即使有人想投钱,我也不会接受。这是我爸爸教给我的,不要拿别人的钱,应该靠自己的能力创业,哪怕从小生意做起。"

Creek Software公司的创始人兼CEO约珥·斯波斯基(Joel

Spolsky）也表达过同样的观点，他曾经公开宣布不愿意接受风险投资人和其他投资者的钱。

宏观经济、产业行情、商业模式和资本密集度都会影响创业公司的融资策略[3]。如果创业公司能够及时做到有足够的营业收入，那么确实可以不必引入投资人。一般来说，咨询类创业公司比较容易实现营收，或者收到客户的预付款。如果公司有设备或应收账款等可以抵押的有形资产，也可以采用债务融资的方法[4]。不过 IT 创业公司和生物技术创业公司通常鲜有这类资产，所以债务融资基本上走不通。在我调查的创业公司里，只有 2% 的公司是靠债务融资的。

不过从总体上看，坚持不融资的公司毕竟是少数，大多数创业公司（尤其是 IT 公司）都会考虑寻找投资人。

投资人的作用

当创业公司资金捉襟见肘或者需要更多资本扩大生产规模时，就不得不考虑从外部融资了[5]。图 9.1 列出了创业者在融资前应该问自己的一些核心问题。创业者要思考他们是否缺少人力资本、社会资本和财务资本；哪种类型的投资人可以弥补这些不足；引入投资带来的收益能否抵消随之而来的风险。回答这些问题，可以帮助创业者想清楚应该寻找哪种投资。

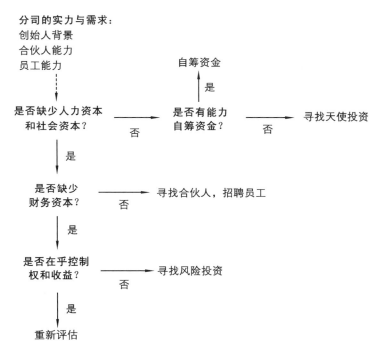

图 9.1　融资前应该考虑的问题

创业者通常有三种融资途径：亲戚朋友、天使投资、风险投资。这三种融资途径各有优势和风险，比如向亲友借钱最容易，但金额有限，而且亲友无法给出好的经营建议，有些人甚至可能给创业者出馊主意。风险投资人最挑剔，但是风险投资人可以为创业公司下一阶段的发展提供宝贵的资金。风险投资人还可以推荐人才，改善公司管理，完善经营策略，让公司变得更规范[6]。风险投资人的挑剔还表现为一种排他性，他们通常不喜欢接受了亲友或天使投资的公司。风险投资人通常会以这些人离开董事会作为投资条件[7]。表 9.1 比较了三种投资人各自的优劣。

表 9.1　投资人的作用和风险

投资人类型	资金来源	附加价值	潜在风险
亲戚朋友	个人财产	基本上等于零，亲友通常没有经商经验	误导创业者、债务纠纷
天使投资人	个人财产	经验和人脉	增加后续融资的复杂度，吓退其他投资
风险投资人	公司财产	更广的人脉、经营建议、为创业公司信誉背书	出让股权、优先清算权，有限的董事会席位、受监管的经营权

值得一提的是，很多创业者融资成功了，仍然会继续把自己的钱投入公司，为的是保证其对公司的控制权。我的调查表明，在 A 轮融资时，32% 的创业者会用自己的钱继续增资，这个比例在 B 轮为降至 16%，C 轮为 13%。

亲友的钱

创业者通常都有自己长期信任、经常联系、感情亲密的亲戚朋友[8]。这种关系使得亲友比天使投资人更好接触和商量。天使投资人也是用自己的钱投资，但他们比亲友更"专业"。亲友的钱往往是使创业成为可能的第一步。埃文创办 Blogger 时借的是女友梅格·胡里安父母的钱；蒂姆·韦斯特格伦创办 Pandora Radio 时也向大学同学的父亲借过钱；斯科特·库克（Scott Cook）创办 Intuit 的钱是从他父亲那里借的。

虽然向亲友借钱比较容易，但它与专业的投资相比有着天然的局限性。首先，亲友借的是自己的钱，这决定了金额通常不会太高；其次，亲友通常缺少创业经验，因此他们能带来的人力资本和社会资本很少；最后，亲友借钱给创业者不能为创业公司增加可信度。

有些亲友借钱是为了支持创业者本人，并不指望赚钱。创业者卢·西尔内（Lew Cirne）就是用亲友借给他的 10 万美元作为启动资金的，他解释说："他们完全不懂我要做什么，但他们愿意支持我的事业。"这种信任给予创业者更多的自由，不像专业投资者有许多要求和条件，但同时也给创业增加了风险，下面我们来详细谈一谈。

向亲友借钱的风险

向亲友借钱与选择与亲友共同创业的情况非常相似。不少创业者倾向于利用这种"容易到手的钱"。有人说:"如果你对自己的创业项目有信心,为什么不接受亲戚朋友的钱呢?"

然而,向亲友借钱会让创业者背负人情债和由此带来的精神压力。斯科特·库克(Scott Cook)是金融软件公司 Intuit 的创始人兼 CEO,他向父母和朋友一共借了 35 万美元作为启动资金。这些钱有一部分是退休金,有一部分是房屋抵押贷款,还有一部分来自信用卡。在公司发展遇到困难时,斯科特不但要解决公司的问题,还要承受欠钱的负疚感,他说:"我不知道如何才能还得上这些钱。"

Pandora Radio 的创始人蒂姆·韦斯特格伦也有过类似的体验。当公司发展低迷时,他感到了前所未有的压力。压力不仅源自创业不顺利,还因为他无法面对借钱给他的亲友。

有些创业者尤其不愿承受这种人情压力,他们下定决心绝不向亲友借钱。之前提到的布赖恩·斯库达莫尔(Brian Scudamore)就不愿意向亲友开口借钱,尽管他的公司一度因缺少资金几乎夭折。他解释说:"我父亲有钱,但我不想让他担心。我想向他证明我可以靠自己把公司办好,哪怕要承受巨大的资金压力。不到万不得已,我是不会向他借钱的。"

布赖恩的顾虑是有道理的,向亲友借钱等于把这种亲密的关系置于某种危险境地。一旦生意失败,原来的亲密关系有可能遭到破坏。年轻的创业者往往对创业前景过于乐观，低估了失败的可能性；而那些曾吃过苦头的创业者和投资者则有截然不同的看法。一位连续创业者说："我绝不会让亲戚和朋友掺和生意上的事，也不会向他们借钱。要知道最亲密的关系也经不住钱的考验。我不希望自己家后院着火。"

只有在一种特殊的情况下，拿亲友的钱才不会有破坏亲密关系的可能。那就是他们把钱当成礼物送给你，而不当成一种投资，换句话说，他们没指望你还钱。但这种情况并不具有普遍性，几乎可以忽略。

向亲友借钱除了存在风险，还有可能对外释放一种不利的信号。一位连续创业者指出："如果创业者无法从专业投资机构那里获得投资，而想靠向亲友借钱创业，那么他应该再仔细审视一下自己的创业项目。亲友之外的投资人能够做出更客观的评价。如果你无法说服投资机构，那么你的创业项目很可能存在缺陷。这种缺陷会让你赔光亲友借给你的钱。就算你有一帮不差钱的亲戚，你也应该先尝试说服专业的投资人，听听他们的看法和建议。"一位有经验的投资人说："如果创业项目靠谱，你根本用不着向亲友借钱。亲戚朋友的钱更容易到手，但是他们不会做市场调研，也缺少客观的判断，所以无法制止你做傻事。"

另一位有经验的风险投资人指出:"有些创业者可能不清楚有哪些融资渠道,他们向亲友借钱也许是因为别无选择。但是我的经验告诉我,向亲友借钱一定要做好最坏的打算,或者干脆放弃这个念头。"

天使投资人

天使投资人指的是这样一类个人投资者:他们用自己的钱投资,而且往往事先并不认识创业者。

天使投资人比亲友更看重投资回报率,但同时也抱有一些非功利化的动机,比如支持他们认为有意义的事业,把自己的行业经验传授给被投资对象,希望培养新一代的企业家,促进行业的发展,回馈社会等。

有些天使投资人具有丰富的行业经验和人脉资源[10],他们常常扮演创业公司顾问的角色,甚至在风险投资进场之前在董事会占有一席之位。但风险投资进场后,天使投资人通常会退出董事会,尽管其资金并未撤走。在第二轮融资之后,只有极少数的天使投资人会保留其在董事会的席位。

具有良好背景和声誉的天使投资人可以极大地提高创业公司的知名度和可信度。顶级的天使投资人带来的人脉和可信度甚至有可能超过风险投资公司。比如,曾经投资过 Google、

Paypal 等创业公司的天使投资人罗恩·康威（Ron Conway）自 2007 年以来一直被《福布斯》杂志评选为十佳投资者之一，其声誉超过了绝大多数风险投资人。

天使投资人还可能在创业公司与风险投资人之间牵线搭桥。在我调查的创业公司里，有 10% 的公司是天使投资人引荐的风险投资。天使投资人还可能认识业界专家，掌握重要的客户资源，因此他们通常比亲友给予创业公司的帮助更大。

通常天使投资人的投资金额介于亲友与风险投资人之间。最近的一项调查表明 2000 年至 2009 年，创业公司的平均天使轮融资金额大约为 45 万美元[11]。除了天使投资人，美国还有一些天使投资团体，他们的投资额度更高，比如南加州的 TechCoast Angels 是由三百多位天使投资人组成的投资组织，他们每笔投资的上限是 100 万美元，而波士顿的 CommonAngels 由七十多位天使投资人组成，其每笔投资金额从 50 万美元到 500 万美元不等。

天使投资人主要参与创业公司的第一轮投资，但也有很多天使投资人会进行后续投资以维持其在公司中所占的股份。（这与亲友投资很不一样，亲友通常不会参与后续的投资。）我的调查表明，天使投资人参与后续几轮投资的比例始终稳定在 30% 以上。

天使投资人出手的次数也远远高于风险投资人。新罕布什尔大学（University of New Hampshire）企业研究中心的调查表明，从 2000 年到 2009 年，美国年均天使投资次数为 49000 次，比同期风险投资次数高一个数量级。考虑到天使投资市场的透明度有限，统计数据很可能小于实际数据。当然，在投资总金额上，风险投资仍然占上风。在这十年间，天使投资年均投资额为 220 亿美元，少于同期风险投资的年均额度[12]。

从全局的角度看，天使投资人还促进了投资行业的多样化。相比之下，风险投资机构更倾向于投资 IT 创业公司与生物技术创业公司；比如从 2000 年到 2009 年，风险投资的目标主要集中在互联网创业公司身上，投资比重一度超过了 30%，其中 2000 年和 2008 年的表现最为明显[13]。而同期天使投资在 IT 行业的投资比重从未超过 20%，其他行业单独所占比重就更低了。

但是从创业公司的角度看，天使投资人也存在一些不足之处。首先，并非所有的天使投资人都具有丰富的行业经验。有些天使投资人是成功的商人，还有一些人创业成功后卖掉了自己原来的公司，有了闲钱，所以想做天使投资。比如 Ockham Technologies 创始人吉姆·特里安迪弗洛告诉我，他的一位天使投资人是来自德克萨斯州的房地产开发商。对方明确表示不参与公司的管理，因为他对软件服务行业一无所知。除了钱，对方给不了吉姆任何经营上的支持。

其次,由于天使投资人的投资金额较低,为了满足自身发展的需要,有些创业公司接受了十几位群天使投资人的投资。创业者与这么多天使投资人打交道是一件很消耗精力的事。FeedBurner 的创始人迪克·科斯特洛就遇到了这样的情况,他说:"有些天使投资人是第一次投资软件公司,他们之前并不了解其中的风险。有些人只投了两万美元,但是会因为《华尔街日报》上的一篇不看好行业前景的文章打电话给我。于是我得花 45 分钟向他解释,想办法让他放宽心。"

风险投资人

风险投资人是全职的专业投资人,他们以投资具备高回报潜力创业公司为目标。与亲友投资和天使投资不同,风险投资人通常要求创业公司提供商业计划书。在我的调查对象里,有 21% 的创业公司向风险投资人提交过商业计划书。风险投资人看过商业计划书后,会挑选有潜力的创业者面谈,调查创业团队的潜力,评估是否有投资价值,然后与有投资价值的公司商讨投资条件。风险投资人投资后通常会以董事会成员的身份进入创业公司,为公司的发展出谋划策,并寻找合适的时机将投资变现。

风险投资人的资本来自风险投资公司的有限责任股东。这些股东通常是一些大机构，如基金会、大学的捐款管理机构、公共养老金托管机构等。为了让资产升值，这些股东会以各种方式进行投资，而风险投资往往只是其中很小的一部分。风险投资公司对股东负有信托义务，其业绩通过投资回报率表现。风险投资公司向股东收取一定的管理费（通常为资产总额的2%~2.5%），并分享部分投资收益（通常是总收益的20%）。

风险投资公司往往由几位合伙人（风险投资人）一起创立，由他们共同注资并组织公司的运营。大一点的风险投资公司还会招聘员工（分析师、助理等），以协助风险投资人更高效地完成投资任务。

风险投资公司募集的资金主要是可长期使用的资本（有些还可以适当延期）；它们通常在头几年把大部分资金投出去，在资金到期前想办法让投资变现。如果风险投资公司希望持续运营下去，它们必须每隔几年就募集一次资金，这就要求它们有良好的业绩表现来说服股东。

为了使投资回报最大化，风险投资公司会选择高回报率的项目，希望得到几倍于投资的回报。然而高回报也意味着高风险，为了降低投资风险，它们通常会采用组合投资的方式，也就是尽可能多投资一些项目。通常一家风险投资公司至少会投几十个项目。

风险投资最常见的变现方式有三种：大公司收购被投资公司（如 Google 收购 FeedBurner），被投资公司上市（如 Google 的 IPO），以及被投资公司破产清算。

最近公布的一项调查报告表明，从 1987 年到 2008 年，在 22000 家接受过风险投资的创业公司中，有 26% 的公司被收购，9% 的公司上市，15% 的公司遭破产清算，19% 的公司颗粒无收，还有 31% 的公司仍然保持着私有化运营[14]。

接下来，我将进一步分析风险投资的作用和不足。

风险投资的作用

风险投资能从财务资本、社会资本、人力资本三方面帮助创业公司。一项针对创业公司接受风险投资的调查研究表明，大部分创业者愿意以公司的部分估值资产为代价换取风险投资[15]。

风险投资的金额往往高于其他类型的投资，即使是最低的第一轮投资平均金额也达到了 300 万美元，而天使投资人和亲友提供的资金很少超过 100 万美元。对于资本密集型的行业，比如生物技术行业，离开风险投资几乎无法维持，这类公司从第二轮融资开始，每一轮的融资金额都接近一千万美元（见图9.2）。

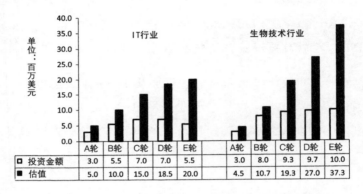

图 9.2　IT 行业与生物技术行业平均融资金额

风险投资与亲友投资或天使投资相比不仅规模大，而且会持续投资。风险投资通常会继续参与创业公司的后续多轮融资，以保证看好的项目有足够的时间去孕育发展。

由于风险投资钟情于高风险、高回报的投资项目，所以其投资结果往往带有这样的特点：大部分投资项目都失败了，或者没有什么起色，只有少数项目赚钱。风险投资就靠这少数几个项目来弥补其他项目的损失[16]。统计数据表明，风险投资市场的这种波动性是整个投资市场的 1.7 倍[17]。

此外，风险投资市场还受到经济大环境的影响，互联网泡沫破灭期间（2000 年到 2001 年），整个风险投资市场的规模缩减了 52%，2002 年又缩减了 41%，然后 2006 年猛增了 57%，到 2008 年金融危机时又下降了 37%。尽管风险投资着眼于长期投资，但也易受经济周期影响出现过山车式的波动。

风险投资除了向创业公司提供资金，还会帮助他们拓展人脉关系，包括引荐更多的投资人[18]。在一项针对创业者的调查问卷中，有一个问题要求调查对象回答风险投资人对公司的最大贡献是什么，排在第二位的答案是：介绍其他潜在投资者[19]。在我自己的调查统计中，风险投资人在引荐后续投资方面也明显比其他投资人积极。比如，风险投资人帮助创业公司引入后续风险投资的比例是31%，而天使投资人的这项比例只有10%。

知名的风险投资公司还能为年轻企业的信誉背书。得到知名投资公司认可的创业公司往往可以获得更高的市场估值，其效果在创业公司身上表现得尤为明显[20]。

StrongMail 的创始人弗兰克·阿丹特（Frank Addante）在挑选风险投资时，就考虑到了这种"光环"效应。他回忆说："当时有好几家风险投资公司愿意投我们，包括著名的硅谷风险投资公司 Sequoia。虽然 Sequoia 提出的条件比其他几家苛刻，但我们最后还是决定与他们合作。因为 Sequoia 名声在外，接受他们的投资有助于我们说服客户相信 StrongMail 的前景。"

最后，风险投资还会就公司经营和公司管理提供建议和指导。风险投资人通常会成为创业公司的智囊团,他们也常常通过各种渠道(如接受采访、写文章、发言等)宣传自己的这种能力,这一点也得到了大部分创业者的承认。在前面提到的针对创业者的调查问卷中,有一个问题要求调查对象回答风险投资人对公司的最大贡献是什么,排在第一位的答案是:充当高管的智囊团[21]。在另一项调查中,创业者被要求评价投资人对公司经营和管理是否有帮助,结果风险投资人的得分比其他类型投资人高47.7%[22]。这些统计结果表明,创业者普遍从风险投资人那里学到了管理和经营公司的经验。所以,尽管风险投资公司开出的投资条件更苛刻,大部分创业者也愿意接受[23]。

  风险投资人向创业者传授经验的途径主要有两种:第一种是私下里交流,第二种是通过董事会讨论。风险投资人与创业者私下交流的重心因人而异,但通常会涉及战略、运营、人员、财务等几个方面。有些风险投资人会担任战略咨询顾问的角色,帮助创业者厘清核心战略方向。一般来说,就是逼创业者暂时从繁琐的日常问题中脱身出来,专注思考公司业务的真正价值所在[24]。刚开始,这种非正式交流的频率比较高,随着创业者越来越成熟,交流的频率会逐渐下降。一位风险投资人解释说:"公司的业务状况决定了交流的频率。在最初一两年,团队还没有建设好,经营策略仍需摸索,所以我每个星期都会主动找创业团队交流,比如发电子邮件、打电话,或者见面聊。"

风险投资人影响创业者的另一种方式是进入董事会。创业公司接受第一轮风险投资后,通常会被要求组建正式的董事会,而且风险投资人在其中至少会占据一个席位。如果多家风险投资公司参与投资,要么有多位风险投资人进入董事会,要么由牵头的一家风险投资公司派代表进入董事会。

在对待董事会席位的问题上,风险投资与天使投资有明显的区别。天使投资人往往在风险投资进场后便退出董事会,而风险投资人则会长期进驻公司董事会。这主要是因为天使投资人通常还有其他事业,无暇深度参与创业公司的建设与发展,而风险投资人不同,这就是他们的工作。

我的统计数据表明,随着创业公司融资次数的增多,董事会人数也会相应增加。第一轮融资完成后,80%的董事会设有3到6个席位,平均为3.9个席位。第二轮融资完成后,平均有4.8个席位。此后增速放缓,第三轮和第四轮平均都是5.2个席位。到第五轮时,89%的董事会有5到8个席位,平均为5.7个席位。这个数据不包括董事会的观察员——列席董事会会议但不参与讨论,也没有投票表决权的人。

董事会的召开频率也与公司的发展状况有关。大公司通常每个季度召开一次董事会,而创业公司的召开频率会高得多。我调查的创业公司平均每年召开7.9次董事会。

有关董事会，我在调查中还发现了两个有趣的现象。首先，如果创业公司的 CEO 有营销、销售、公关等与客户打交道的经验，则董事会通常人数较少，而且开会的频率也比较低。如果 CEO 是技术人员出身，则董事会人数较多，而且开会频率更高。比如，Wily Technology 的创始人兼 CEO 卢·西尔内（Lew Cirne）有扎实的技术功底，而 Ockham Technologies 的创始人吉姆·特里安迪弗洛（Jim Triandiflou）有销售经验，相比之下，后者的公司召开董事会的频率明显低得多。这大概是因为风险投资人普遍发现技术出身的创始人需要董事会更多的指导和建议。

其次，风险投资公司与创业公司地理上的距离也是影响董事会构成的一个重要因素。创业公司离风险投资公司越近，风险投资人越倾向于在董事会中占据席位[25]。如果风险投资公司与创业公司相距在 5 公里之内，则风险投资人在董事会占有席位的概率为 47%；如果相距在 500 公里之外，则这一概率仅为 22%。

接受风险投资的代价

创业者接受风险投资的代价主要是降低了自身对公司的所有权和控制权。

创业公司的每一轮融资都是以转让股权为代价的。图 9.3 显示了我调查的创业公司股权的平均变化情况。从图中我们不难看出，风险投资所占的股份逐渐上升（尽管有波动）。从 B 轮开始，其平均股份大幅超越其他各方，进入 C 轮后，风险投资所占股份平均已经超过了 50%，最终达到了 54%。相比之下，公司创始人与员工持有的股份则持续走低，到 E 轮融资结束时，平均只有 18%。

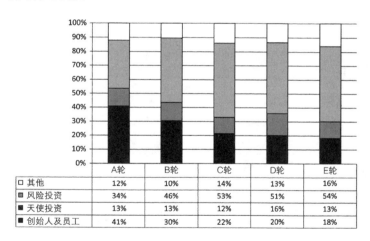

图 9.3　创业公司股权平均变化情况

如果创业公司发展不顺利，创始人和员工的股份会流失得更快。因为走下坡路的公司要吸引风险投资只能放弃更多的股份[26]。假设一家创业公司在 A 轮融资 100 万美元，但没能按商业计划完成发展目标，如果它想在 B 轮再融资 100 万美元，就必须比第一轮放弃更多的股份。在我统计的对象中，有 7%的融资是在这种情况下完成的。

创业公司走下坡路既与其自身能力有关，也与外部经济大环境有关。图 9.4 展示了历年来下坡融资次数占市场总融资次数的比例。1997 年经济不景气时，走下坡路的公司融资次数几乎为零，而情况最好的年份，下坡融资的比例也不超过 13%。

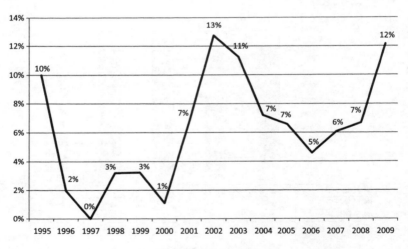

图 9.4　历年下坡融资次数占总融资次数的比例

接受优先清算权

为了赢得风险投资，创业公司通常不得不同意对方提出的优先清算权条件。优先清算权指的是，如果创业公司遭清算或被收购,则风险投资公司有优先于其他股东(包括创业者)参与分配的权利。在我的调查对象中,有78%的创业公司在第一轮融资时同意给予风险投资公司一倍的优先清算权。也就是说,如果创业公司卖出的价钱还不到投资的金额,那么风险投资会拿走所有的钱,而创业者和其他普通股东将一无所获。不仅如此,在签订投资合同时,风险投资公司还可以要求不止一倍的优先清算权。假设创业公司A接受了两倍优先清算权条件,换取了风险投资公司700万美元的投资,那么A公司至少要卖到1400万美元以上,创业者和其他股东才有钱拿。

此外,优先清算权还分为两种,一种是参与分配(participating)的优先清算权,一种是不参与分配(non-participating)的优先清算权。这里的参与是参与股份分配的意思。如果风险投资公司拥有参与分配的优先清算权,他们除了按约定的倍数收回投资成本外,还要在剩下的钱里按照股份比例分钱(如果还有富余的话)。还是以上面的A公司为例,如果A公司接受了参与分配的两倍优先清算权条件,最后公司没有卖到1400万美元,那么创业者和其他股东还是一分钱都拿不到;如果A公司幸运地卖到了2000万美元,那么风险投资公司首先要拿走1400万美元,剩下的600万美元,再按照各方(包括风投)持有的股份比例分配[27]。

如果风险投资公司获得的是不参与分配的优先清算权,那么他们要么保留其优先清算权，要么把优先权转换成普通股参与分配，两者只居其一。以 A 公司为例，如果 A 公司接受的是不参与分配的两倍优先清算权条件，出售公司后风险投资公司就有两种选择，第一种是依据两倍优先权收回成本，第二种是将优先权转换成普通股参与分配。两者只能选择一种。

　　风险投资公司会根据具体出售金额算一笔账，看哪一种方式获利更多。比如，如果 A 公司只卖了 1200 万美元，那么风险肯定会直接拿走这 1200 万美元，而不是将优先权转换成普通股参与分配，因为后者肯定比 1200 万美元少。如果 A 公司卖了 3500 万美元，那么风投就要计算哪一种方式获利更多（是直接拿走 1400 万美元，还是将优先权转换成普通股参与分配）。

　　这里举的 A 公司的例子只是简化后的理论计算，实际计算时还要考虑利息等因素。但我们不难从中看出，相比之下参与分配的优先清算权对创业者来说条件更苛刻。此外，如果风险投资公司拥有参与分配的优先清算权，他们通常倾向于以较低的价格出售公司，而创业者的利益只有在高价时才能体现。双方的这种分歧有可能造成董事会不合，引发相互猜忌。因此，创业者在签订风险投资合同时，尤其要慎重考虑是否接受参与分配的优先清算权条件。

被迫重新分配股权

风险投资公司还有可能要求创业团队按贡献的多少重新分配股权。风险投资公司这样做是为了让创业团队中最重要的成员拥有最多的股权，以此留住并激励这些成员，尽管这样的做法并不一定受到创业团队的欢迎。

一位风险投资人解释了为什么他坚持在投资前进行股权调整："经验告诉我，创业公司的股权分配比例多数都存在问题，这主要是由初次创业者缺少经验，以及创业初期草率的决定造成的。如果不加以纠正，会给今后的发展埋下隐患。所以只要发现之前的股权分配存在明显的不公平，我都会将重新分配股权作为投资的前提条件。"

逐渐失去控制权

接受风险投资后创业者在董事会中所占的席位也会显著减少。一般来说，每一次投资后，风险投资人都会要求多占据一个董事会席位。如果董事会人数不多，可以再增加一席。但是如果董事会已经比较臃肿了，那么风险投资人就会替换一位创业者或天使投资人出任董事。我的统计结果表明，A轮融资之后，创业者通常已经是董事会中的少数派了，平均只占34%的席位，而外部董事占比达到了59%；B轮融资之后，创业者比例降至21%，外部董事占到72%，这其中绝大多数是投资者[28]。

　　失去董事会席位对创业者来说是一个比较被动的局面。因为董事会决议遵循少数服从多数的原则。遇到经济大环境低迷不振时，占据董事会多数席位的投资人有可能做出创业者不愿意接受的决策。我的一位调查对象就遇到过这种情况，在2000年互联网泡沫破裂后，风险投资想要尽快抽身，于是利用董事会多数表决强迫他的公司接受了事先安排好的收购。

　　创业团队为了保住自己人在董事会的席位想出了一些办法。最开始，董事会通常包括创始人兼CEO和其他若干位创始人。创始人兼CEO如果想一直留在董事会，可以将他的席位定义为"创始人"而不是"CEO"，这样在他的CEO职位被别人顶替时，他仍然有机会留在董事会。FeedBurner进行A轮融资时，团队力争三人董事会由一位风险投资人加两位创始人组成（而不是一位创始人和CEO）。CEO迪克·科斯特洛（Dick Costolo）解释说，未来他可能被外聘的CEO替代，这样的安排可以更好地保证他和伙伴在董事会的位置。

消耗额外的精力

　　向董事会汇报公司业务进展也会消耗创业者许多的时间和精力。迪克·科斯特洛这样描述这项工作："作为创始人兼CEO，我就像沙漏中间的收口，员工向我汇报工作，我汇总后再向投资者做报告。"初出茅庐的创业者往往惊讶于他们花在向董事会汇报进展上的时间。Masergy的创始人巴里·诺尔斯（Barry Nalls）回忆说："第一次准备用了我整整一周的时间。我们每个月开一次董事会，而我要花一个月的四分之一来做准备。这太让人难受了！"

如果董事会在某个问题上意见不合，那就更浪费时间了，甚至有可能引起董事会停摆。停摆是因为两派势均力敌（人数相当），谁也没办法说服谁。如果董事会成员人数是偶数，这种情况出现的概率更高。我的调查表明，在A轮融资后，40%的董事会设置的是偶数席位。这一比例在前四轮融资中保持着相对的稳定，介于43%到49%之间。最常见的情况是两位内部人士（创始人或公司高管）加两位外部人士（通常是投资者）构成的四席董事会，这也是最有可能停摆的一种设置。

为了尽量避免这种相持不下的风险，我们不妨向有着三千多年历史的犹太法典取经。犹太法典规定审案法官人数不能是偶数。法典主卷列举了三十多个不同的案件，从小的利益纠纷到重大刑事案件都有涉及，参与裁断这些案件的法庭法官从3人到71人不等，人数都是奇数。

为了避免偶数董事会停摆，最好再增加一位独立董事（此人既不是创业者或公司高管，也不是投资人）。FeedBurner完成 B 轮融资后，公司设立了五人董事会：两位创始人、两位风险投资人，加上一位独立董事。经过商议，董事会同意请马特·布隆伯格（Matt Blumberg）担任独立董事，他是另一家 IT 公司的 CEO。

独立董事通常与公司没有直接的利益关系，具有中立性。也只有这样，被提名的独立董事才能获得其他董事的同意。

接受分批注资

除了通过董事会控制创业公司，风险投资还有其他方式取得决策权，比如分批注资。分批注资的意思是分阶段向创业公司注入资金，而不是一次把钱全部交给创业公司。风险投资公司知道当创业公司缺钱时，钱是最好的筹码。

在每一轮投资前，风险投资都有可能提出新的条件，借此解决他们认为存在的问题。因此，创业公司每一轮融资都给了风险投资进一步控制公司的机会。风险投资会评估公司的发展状况和前景，从而决定是继续投资，还是放弃该项目，这样做可以降低投资的风险[29]。

既然是分批注资，就存在一个投资间隔。我的统计表明，IT 行业的平均投资间隔是 15 个月；生物技术行业平均投资间隔为 17 个月。创业各阶段的投资间隔比较一致，在 IT 行业，AB

轮之间平均间隔是 15 个月，BC 轮之间是 16 个月，CD 轮之间 16 个月，DE 轮之间 14 个月。在生物技术行业，以上间隔依次是 17 个月、17 个月、15 个月、16 个月。

保罗·冈珀斯（Paul Gompers）教授指出，从投资者的角度来说，创业公司有形资产比例较高时，风险投资更愿意拉长投资间隔（每次投更多的钱），因为这种公司的代理成本低，因信息不对称引起的问题比较少。相比之下，如果创业公司更依赖于无形资产和研发，则风险投资倾向于缩短投资间隔（减少每次的投资金额），因为这类创业公司的代理成本高，而且由信息不对称引发的问题较多。

针对投资人分批注资的现象，还有另一种说法，那就是投资人认为没钱的时候人更努力，手上钱太多反而会让创业者变懒和染上坏习惯。

讨论完风险投资的作用和不足后，我们再来简单回顾一下创业者面对的投资选择。

创业者的抉择

如何选择投资人恐怕是创业者面临的最大的一个困境，每一次选择都将影响公司未来的发展。举例来说，拒绝专业投资者可以让创业者保留对公司的控制权，但是却无法弥补公司在人力资本、社会资本和财务资本方面的不足,因此有可能错失将产品或服务投入市场的最佳时机。如果创业公司接受专业投资,就可以更便利地获得上述资源,但代价是丧失一部分股份,以及对公司的控制权。

Ockham Technologies 就是一个很好的例子。公司面临的选择是要么接受天使投资的钱,要么接受顶级风险投资的钱。吉姆·特里安迪弗洛不得不仔细权衡二者的利弊。一方是来自得克萨斯的天使投资团体。对方投的钱多(1000 万美元),要的股权少,并且承诺不插手公司的日常经营,只要求占董事会一个席位。但是他们完全没有 IT 行业的从业经验和人脉。如果公司接受对方的投资,将不得不完全凭自己的能力运作。另一方是有名的风险投资公司 Noro-Moseley。对方提出的条件很苛刻,不仅给公司的估值低,而且只投资 200 万美元,此外还要求优先清算权,并且明确要求成立一个五人董事会,其中两席留给创始人,两席给投资人(另有一席留给独立董事)。吉姆虽然不想失去对公司的控制权,但是 Noro-Moseley 是一家实力很强的风险投资公司,对方掌握吉姆的公司需要的行业经验和人脉,同时还能为公司的信誉背书(包括将产品推销给 IBM 这样的大客户的可能性),这些都是吉姆迫切需要的。

吉姆回忆说:"天使投资人愿意出钱,非常慷慨,但是除了钱,他们给不了其他帮助。Noro-Moseley 开出的条件非常苛刻,但是他们能提供的经验和资源都是我们需要的。最后在公司发展空间与控制权之间,我选择了前者。"

小结

考虑到获取外部投资与保持对公司的控制之间的潜在矛盾,创业者保持警惕审慎的态度很重要。在"签字画押"之前,创业者应该清楚外部投资者的意图,以及投资人常见的影响公司走向的方式,避免盲目乐观,才能最大限度地保护自己的权益。

专业投资人为了保护自己的投资,会想办法获取对公司的控制权,而这会削弱创业者对公司的控制。这是接受外部投资的主要副作用之一。对于追求财富的创业者来说,把控制权让给投资公司不是什么难事。但另外一些创业者非常看重自己对公司的控制权,所以他们不愿意融资,而当不得已而为之时,他们也会尽力争取可以保留控制权的有利条款[30]。

从这个角度看,专业投资者通常更喜欢追求财富的创业者,因为双方的目标是一致的——财富最大化。这类创业者比追求控制权的创业者更易达成共识。比如,追求财富的创业者通常不介意自己被投资人推荐的外聘 CEO 取代,而追求控制权的创业者痛恨这种事,感觉自己被人出卖了。

创业者尤其应该提防投资人提出的优先清算权，这是一种很常见的投资条款。Lynx Solutions 团队在 A 轮融资时同意了优先清算权，三轮融资之后公司售价却低于累计的优先清算总额，如果出售公司就意味着创业者几年的辛苦工作得不到任何经济回报。

如果有可能的话，创业者应该在融资前尽量增加自己手中的筹码。吉姆·特里安迪弗洛一直等到公司有了成熟的产品、现金流和客户群才开始接洽风险投资，这给公司带来了更高的估值。而迪克·科斯特洛直到收到 Yahoo 和 Google 的收购提议后才去接洽风险投资，这使得他们与风险投资的谈判容易了许多。

注释
Notes

1. 参见 Gorman M.和 Sahlman W.A.的文章《What do venture capitalists do?》，发表于 1989 年《Journal of Business Venturing》，4(4): 231–248。

2. 参见 Gimeno J.、Folta T.B.、Cooper A.C.、Woo C.Y.的文章《Survival of the fittest? Entrepreneurial human capital and the persistence of underperforming firms》，发表于 1997 年《Administrative Science Quarterly》，42(4): 750–783。

3. 参见 Amason A.C.、Sapienza H.J.的文章《The effects of top management team size and interaction norms on cognitive and affective conflict》，发表于《Journal of Management》，23(4): 495–516。

4. 参见 Jensen M.、Meckling W.的文章《Theory of the firm: Managerial behavior, agency costs and ownership structure》，发表于 1976 年《Journal of Financial Economics》，3: 305–360。

5. 参见 Burton D.的论文《The evolution of employment systems in high technology firms》。

6. 参见 Hellman T.、Puri M.的文章《Venture capital and the professionalization of start-up firms: Empirical evidence》，发表于 2002 年《Journal of Finance》，57(1): 169–197。

7. 参见 Gompers P.、Lerner J.的著作《The Venture Capital Cycle》第 183 页，MIT 出版社 1999 年出版。

8. 参见 Aldrich H.E.、Elam A.B.、Reese P.R.的文章《Strong ties, weak ties, and strangers》，发表于 1996 年《Entrepreneurship in a Global Context》，1-25。

9. 参见 Nanda R.的文章《Entrepreneurship and the discipline of external finance》，发表于 2008 年《Harvard Business School Working Paper》，No. 08-047。

10. 参见 Prowse S.的文章《Angel investors and the market for angel investments》，发表于 1998 年《Journal of Banking and Finance》，785-792。

11. 参见 Sohl J.的调查报告《Annual report: The angel investor market（2001-2009）》。

12. 同上。

13. 数据来自 Thomson Reuters 公司 2010 年 9 月 20 日公布的调查报告《ThomsonOne Banker database》。

14. 参见 Hall R.E.和 Woodward S.E.的文章《The burden of the nondiversifiable risk of entrepreneurship》，发表于 2010 年《American Economic Review》，100(6): 1163-1194。

15. 参见 Hsu D.的文章《What do entrepreneurs pay for venture capital

affiliation?》,发表于 2004 年《Journal of Finance》, 59(4): 1805–1844。

16. 参见 Gompers P.、Lerner J.的著作《The Venture Capital Cycle》第 183 页,MIT 出版社 1999 年出版。

17. 参见 Cochrane JH.的文章《The Risk and Return of Venture Capital》,发表于 2004 年《Organization Science》, 10(2): 119–133。

18. 参见 Stinchcombe A.L.的文章《Organizations and social structure》,发表于 1965 年《Handbook of Organizations》, 153–193。

19. 参见 Rosenstein J.、Bruno A.V.、Bygrave W.D.、Taylor N.T.的文章《The CEO, venture capitalists, and the board》,发表于 1993 年《Journal of Business Venturing》, 8(2): 99–113。

20. 参见 Stuart T.、Hoang H.、Hybels R.的文章《Interorganizational endorsements and the performance of entrepreneurial ventures》,发表于 1999 年《Administrative Science Quarterly》, 44: 315–349。

21. 参见 Rosenstein J.、Bruno A.V.、Bygrave W.D.、Taylor N.T.的文章《The CEO, venture capitalists, and the board》,发表于 1993 年《Journal of Business Venturing》, 8(2): 99–113。

22. 参见 Hellman T.、Puri M.的文章《Venture capital and the professionalization of start-up firms: Empirical evidence》,发表于 2002 年《Journal of Finance》, 57(1): 169–197。

23. 参见 Hsu D. 的文章《What do entrepreneurs pay for venture capital affiliation?》，发表于 2004 年《Journal of Finance》，59(4): 1805–1844。

24. 参见 Bussgang J. 的著作《Mastering the VC Game》第 114 页，Portfolio 出版公司 2010 年出版。

25. 参见 Lerner J. 的文章《Venture capitalists and the oversight of private firms》，发表于 1995 年《Journal of Finance 50》，301–318。

26. 参见 Wilmerding A. 的著作《Term Sheets & Valuations》，Aspatore 出版社 2004 年出版。

27. 参见 Kaplan S.N. 和 Stromberg P. 的调查报告《Characteristics, contracts, and actions: Evidence from venture capitalist analyses》，发表于 2004 年《Journal of Finance》，59: 2173–2206。

28. 剩下 7% 的席位通常被其他管理人员（非创业者）占据，他们有可能站在创业者一边，也有可能站在投资人一边，因为有些人可能是投资人推荐来的。

29. 参见 Gompers P. 的文章《Optimal investment, monitoring, and the staging of venture capital》，发表于 1995 年《Journal of Finance》，50: 1461–1489。

30. 参见 Donaldson L.、Davis J.H. 的文章《Stewardship theory or agency theory: CEO governance and shareholder returns》，发表于 1991 年《Australian Journal of Management》，16(1): 49–64。

第 10 章
CEO 的更替
Founder–CEO Succession

到目前为止,我们已经探讨过创业者面临的林林总总的选择。本章将把视线转向另一个具有代表性的问题:创始人何时让出 CEO 的位子。我们会看到,尽管有些创始人早就为此做好了打算,但是对另外一些创始人来说,这绝对是个意外。

卢·西尔内(Lew Cirne)是我的一位调查对象。他从达特茅斯学院计算机科学系毕业后进入 Apple 公司工作。他在那里除了完成自己的工作任务,还构思出一个用 Java 开发的可以用于诊断企业 IT 系统故障的工具,并打算以此为基础创业。随后,他进入了一家叫 Hummingbird 的 IT 创业公司,在那里工作了两年,为的是积累技术和管理上的经验,同时看看创业到底是怎么一回事。

卢回忆说："我想学习创业，了解创业者是如何工作的。与我在 Apple 的技术工作相比，创业公司拓展了我的视野。比起成为技术专家，我更想成为一名企业家。"Hummingbird 的工作经历让卢的设想变得更清晰，并且让他学到了招聘和融资方面的知识。

离开 Hummingbird 后，卢从天使投资人处募得 10 万美元投资，创办了 Wily Technology，开始全身心创业。他独自做了一整年的技术开发，然后发了一份白皮书给 IBM，做成了 Wily Technology 的第一单生意。卢随后请了一位"管家"帮他打理所有非技术工作，而他自己则继续开发软件。卢很重视创业合伙人的利益，而且具有牺牲精神。当董事会成员（天使投资人）扭扭捏捏不想给这位"管家"股份时，卢拿出自己的一部分股份分给他。他解释说："我把自己的股份给了他，这样其他股东的股份就不会被稀释。"卢希望向大家传达这样一个信息："不用操心自己的股份，操心公司吧。"

随着公司的商业模式逐渐变得清晰，卢意识到需要更多资金完成新产品的开发。凭借自身的技术优势和对未来的清晰规划，他又筹到了 200 万美元的风险投资。他随即聘请了一位之前在 Apple 工作的同事担任首席科学家。卢解释说："这对一家创业公司来说是很不寻常的做法，但是我们的产品会因此受益。"他还聘请了许多有能力的人才，付给他们比自己作为 CEO

还要高的薪水。

在风险投资的指导和帮助下，卢的新产品开发得很顺利。为了进一步扩大公司规模，卢不得不启动新一轮的融资，然而这一次投资人提出了一个他始料不及的要求：投资人坚持让他辞去 CEO 的职务，另请一位职业经理人接替他的工作，以此作为新一轮投资的条件。卢对我说："我当时满脑子想的都是哪里没做好，我到底做错了什么？"卢面临着一个两难的选择：是拒绝更有经验的职业经理人为公司创造更大的价值，还是自己黯然离开。

为什么会发生这种事呢？撤换卢的提议出现在 Wily Technology 的 C 轮融资。我的统计表明，到 C 轮融资时超过一半的公司已经不再由创始人担任 CEO（见图 10.1）。事实上，此时有 17% 的公司换了不止一次 CEO。有多少创始人是自愿放弃 CEO 职位的，有多少人是被迫的？他们卸任后会怎样？对这些问题的回答构成了本章的主要内容。

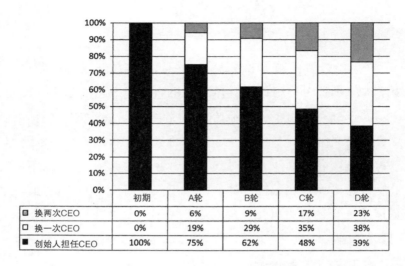

图 10.1　创始人担任 CEO 的比例

更换 CEO

更换 CEO 的要求通常是董事会和投资人提出的。我的统计表明创始人自己提出卸任 CEO 的情况相对较少，只占总数的 27%，而由董事会和投资人提出更换 CEO 的比例占到总数的 73%。这其中 62% 是由董事会提出的，剩下的 11% 是由非董事会投资人或公司其他高管提出的[1]。董事会提议更换 CEO 会造成非常紧张的局面，创始人兼 CEO 常常会表示拒绝。我们先来看看自愿请辞 CEO 的情况。

自愿请辞

自动请辞是指创始人兼 CEO 决定让位给其他人（通常是职业经理人）。这是冲突最小，也最少见的一种情况。大多数创始人都像卢一样，觉得公司是自己一手创办的，就像自己的孩子一样。对他们来说，自愿交出公司的控制权就像把亲手带大的孩子送给别人一样不可思议。

自动请辞的 CEO 通常是那些了解自己，认识到自己的能力已不胜任 CEO 的人，或者是那些厌倦了经年累月的"过山车般"工作的人。这些人乐于把公司交给可靠的职业经理人管理。Transcentive 的创始人兼 CEO 迈克·布洛迪（Mike Brody）说："我已经做了 15 年的 CEO，已经疲倦了，有点跟不上时代了，我愿意把位置让给新人。"

以创造财富为主要动机的创业者，在看到公司的价值（即他们自己的财富）缩水时更愿意主动提出卸任。相反，追求控制权的创始人通常会为保卫自己的 CEO 位置而战，不惜一切代价迫使董事会妥协。我发现，那些主动请辞的创始人往往还能在公司中留下自己的位置（比如 Transcentive 的迈克·布洛迪就保住了董事会主席的位置），而那些态度强硬的创始人反而容易被扫地出门。

被迫辞职

在大公司里，CEO如果工作表现不佳，达不到董事会和投资人的预期，被炒掉是经常发生的事。风险投资人蒂姆·康纳斯（Tim Connors）说："董事会期望CEO提高公司业绩，拉升股价，同时要管好团队，制订下一步的发展计划。"任何一个目标没完成，CEO的位置都可能不保。

但是在创业公司（尤其是那些尚未完成产品开发的公司），认定CEO失败要比在大公司困难，因为不少创业公司缺少客观数据（如销售数据、营收数据、客户人数等）。董事会只能根据CEO是否完成了事先设定的里程碑（任务）来判断其工作是否合格。如果里程碑未能实现，或一再拖延，董事会就会以此为依据要求CEO下岗。

真实原因

卢·西尔内不是自愿辞去CEO职位的。他很喜欢CEO的工作，而且自信干得不错。在他看来，自己无疑是一位出众的创始人兼CEO。他组建了一个五十人的团队，并且带领大家顺利完成了初期的产品开发。公司已经完成两次融资，逐渐走上正轨。像很多创业者一样，卢把公司比作"自己的孩子"，他对公司的发展深感自豪。

那么董事会究竟为了什么要替换 CEO 呢?

创业初期的主要运营目标是开发出可以销售给客户的产品或服务。这要求创业者完成很多复杂的任务:设定目标、协调团队、克服技术上的障碍、解决困难。这个阶段需要创始人具备一定的技术能力和项目组层面的领导能力。对于 Wily Technology 来说,卢的技术能力在创业初期显得尤为重要。当最初的产品未能达到顾客要求时,卢很快做出调整,带领团队攻克了技术难关。像卢这样具有技术能力的创业者,往往是产品开发阶段最好的领导者,因为他们最能胜任这一阶段技术开发上的各项任务。

然而,一旦产品或服务开发完成,可供销售了,创业者面临的任务将会变得更复杂。CEO 面临的挑战也将发生巨大变化。创业团队不再是一支技术团队,它必须增加像销售、营销、人力资源、财务、客户支持,甚至公共关系这样的新部门。像卢这样技术出身的创始人通常不擅长与客户打交道,比如现在他不但要管理市场营销部门,理解他们与技术人员的区别,还要知道如何更好地激励他们开展工作。只有少数技术出身的创始人能适应这种变化。管理一个技术团队和协调多个部门的运作需要截然不同的能力。此时,公司的财务和考核也变得更加复杂,对CEO 的财务素养也提出了更高的要求。

在市场方面,为了实现从早期市场向主流市场的过渡(即杰弗里·摩尔提出的"跨越鸿沟"),需要创始人兼 CEO 做出经营范式上的转换,对公司的人员比例和结构做出大的调整。但并不是每一位创始人都有这样的魄力和决心。

从领导产品开发到带领多部门协作的跨越不仅挑战创始人的工作能力,也挑战其为人处世的方式。创业初期,一般的创始人都希望建立起一种有人情味的、相互信任的工作氛围。卢就表示:"我想建立一种像家庭一样的企业文化,让每个人都有归属感和荣誉感,进而对公司产生忠诚度。"因此创始人往往会与老员工形成非常亲密的工作关系和私人关系。如果这些老员工无法胜任公司下一阶段发展的要求,创始人往往狠不下心辞退他们,而是任由让他们继续在原来的岗位原地踏步,而这些岗位往往是一些极重要的关键岗位。

Transcentive 的新任 CEO 赖斯·特拉赫特曼(Les Trachtman)接替创始人迈克·布洛迪(Mike Brody)之后,发现公司如果要继续发展必须进行大的人事改革和调整。而这一切对迈克来说实在是困难。尤其是考虑到要辞掉早已不胜任工作的 CFO——迈克的亲哥哥。赖斯说:"迈克的处境真的很难,他早就发现几个老员工不能胜任工作,但他太在意与这些人的关系,拉不下脸来辞退他们。迈克主动让出 CEO 的位置,除了因为感到疲倦,大概也因为他不知道该拿这些人怎么办了。"

此外,创始人还有可能一直坚持最初的创意,不愿意向市场妥协,导致产品迟迟不能面市。Meagserver 是一家研发"虚拟超级计算机"的创业公司,创始人花费了数年时间研发他的"虚拟超级计算机",并且还在持续添加新的功能,但产品始终没有成型。最终,公司董事会决定中止这一项目,转而开发一款客户能够理解且愿意买单的产品。但是这一决定遭到了创始人的反对。最后董事会强迫创始人辞去了 CEO 的职位。

创业公司如果要进一步发展,往往要制定新的流程制度,采用正规的组织结构,而这些工作往往并非创始人兼 CEO 所擅长的。在其他领域,也有类似的例子。比如《圣经》上记载以色列国王大卫骁勇善战,带领以色列人打下了疆土,但他却不懂得管理国家。相比之下,他的儿子所罗门比他更擅长建设国家。所罗门继位后重新划分行政区,挑选总督,加强管理,并且与周边国家通商合作,通过政治联姻巩固以色列的地位。在所罗门执政的 40 年间,以色列的政治、经济、文化、军事都得到了空前的发展,成为当时西亚诸国的中心,积累了巨额财富。

一个颇有影响的创业公司发展模型指出,创业公司的每个阶段都有要解决的主要问题,但这些解决方案常常又会导致公司的下一个危机[5]。在一个阶段用来解决某个领域问题的个性与能力，往往在下一阶段的问题面前反而成了障碍。不同阶段面对的不同问题迫使管理团队做出相应的调整。这大概就是人们常说的"创业难，守业更难"。

对创始人兼 CEO 来说，这件事也许不太公平。因为公司发展的速度越快，他就必须越快地做出调整，转换观念，学习新的技能，否则就有可能被淘汰。大多数创始人兼 CEO 都是在团队快速完成产品开发后被人替代的。

另一方面，创始人兼 CEO 被替换也是创业公司融资的"后遗症"。每完成一轮融资，公司都要出让一部分股份给外部投资者，并逐渐失去在董事会的决策权。新的董事会由更多的投资人和独立董事构成，其目标是为股东创造价值。在谁能带领公司走得更远的问题上，他们的看法很可能与创始人兼 CEO 的看法相差甚远。而这时决策权很可能已经落在了董事会的手中。

在卢·西尔内的例子里，风险投资人提议更换 CEO 的要求发生在 Wily Technology 公司第三轮融资后不久。卢的种子资金来自天使投资人。第二轮融资则来自风险投资公司。第二轮融资后，公司董事会的构成是这样的：卢（董事会主席）、一位天使投资人、一位风险投资人。第三轮融资后，董事会又增加了一位董事，就是第三轮的主要风险投资人。正是新董事会要求卢让出 CEO 的位置。Wily Technology 第三轮的主要风险投资公司是 Greylock Venture Partners，公司主席亨利·麦坎斯（Henry McCance）对我解释了提议更换 CEO 的原因："当我们打算进一步扩大市时，市场营销成为最重要的挑战，大多数创始人不具备这方面的能力，卢便是如此。所以我们提出找一位具备这方面能力的新 CEO。"

寻找继任者

决定更换 CEO 后，并不一定马上就能找到合适的继任者。在大公司里，继任 CEO 通常是从公司内部提拔上来的。一项针对 1035 家大公司 CEO 任免情况的研究表明，81%的继任 CEO 来自公司内部[2]。从公司内部提拔 CEO 有许多好处，比如内部继任者更了解公司的文化和制度，可以更顺利地开展工作，从内部提拔还能激励其他员工的工作积极性，等等。

创业公司的情况则不太一样。在创业公司中，继任 CEO 几乎全部来自公司之外。在我的统计对象里，只有数得过来的几家公司继任 CEO 来自现有高管团队。

新任 CEO 要做的是创始人做不到的事或者不愿做的事，这通常是因为 CEO 缺少技能和知识，或者受到思维定式限制。创业团队内部可选的人本来就不多，而且他们通常是与创始人一起工作成长起来的,具有某种同质性,因而很少有合适的候选人[3]。

卢·西尔内被董事会说服卸任 CEO 后,Wily Technology 随即开始物色新的 CEO。卢最初想让公司的营销副主管维克·尼曼(Vic Nyman)提接替自己担任 CEO。卢回忆说:"维克对公司的贡献不小,他既有责任心又有团队精神,而且很愿意成为一位 CEO。"但是风险投资人大卫·斯特罗姆(David Strohm)马上拒绝了这个提议,大卫说:"维克是在公司内部成长起来的,他缺少管理多个部门的经验,而且他的本职工作完成得并不理想。如果公司的营销工作有起色的话,我们也不会提出更换 CEO 了。"

无奈之下,Wily Technology 开始从公司外面寻找候选人。公司委托一家精英猎头公司寻找新 CEO。但是他们看了 120 份简历,面试了 20 位应聘者之后,还是找不到满意的人选。董事会说:"有些人的简历很漂亮,但是能力并不出众。我们也不喜欢独断专行的人,那些从来没犯过错,不够谦逊的人不符合我们的企业文化。另外,我还要回避过于年轻,时时想证明自己的能力,野心勃勃的人。"

董事会倒是相中了几个人,但是对方连电话都不接。最后,风险投资公司推荐了一位合作过的职业经理人理查德·威廉姆斯（Richard Williams），此人在业界拥有"超级明星"的美誉。拖了十三个月后，董事会最终达成一致意见，同意由理查德出任公司的 CEO。

大多数创业公司都像 Wily Technology 一样，是通过人脉关系找到继任 CEO 的。从陌生的应聘者当中找到 CEO 的情况很少见。有些继任 CEO 就是公司原来的董事或顾问。例如 Transcentive 公司的新任 CEO 赖斯·特拉赫特曼（Les Trachtman）起初就是公司的运营顾问。他在工作中与公司创始人迈克·布洛迪建立了互信的关系。当迈克考虑卸任时，他首先想到的继任者就是赖斯。

类似的，Lynx Solutions 公司的新任 CEO 克拉克·埃文斯（Clark Evans）是一位独立的策略培训师，他曾经为 Lynx Solutions 公司高层做过策略培训，大家对他的印象非常好。克拉克有丰富的消费行业工作经验，他的能力正好是 Lynx Solutions 的创始人兼 CEO 詹姆斯·米尔默（James Milmo）所缺少的。詹姆斯回忆说："大家看到我们引入这样一位优秀的人才（担任 CEO），都长出了一口气。"

继任之后

找到合适的 CEO 继任者后，还有许多困难和风险等着创始人和董事会。此时做的一些决定仍然会影响交接的成败和公司的未来。

剧烈变化

即便创始人兼 CEO 被说服支持（至少不反对）继任 CEO，他们还是会不自觉地排斥某些不愉快的变化。一位曾多次出任创业公司的继任 CEO 的职业经理人对我说："创始人兼 CEO 嘴上说'好的，我准备好了'，而实际上他们根本不知道这意味着什么。他们以为只是职称上的改变，而实际上公司将发生剧烈的变化。"

在那些主动提出卸任的创始人身上也存在这样的问题。Transcentive 的创始人迈克·布洛迪尽管一直对赖斯接替自己担任 CEO 表示支持，但赖斯还是时不时会抱怨："大家有问题时还是习惯去找迈克，这显然是干扰了我的工作。"

在大公司里，离职的 CEO 通常不会继续担任公司高管，而且会离开董事会。因为只有这样，才能向公司上下释放出"镇上来了新警长"的信号，继任 CEO 才能放开手脚工作。但是，在大多数创业公司里，被替换的创始人兼 CEO 却会继续留在管理团队。我的统计数据表明，即便是董事会提出更换 CEO 的要求，离开 CEO 岗位的创始人仍有 63%留任公司高管；如果是创始人兼 CEO 自己提出卸任，则其留任公司高管的比例达到了 76%（见图 10.2）。

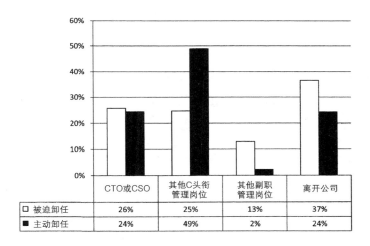

图 10.2　创始人卸任 CEO 后的去向

我也统计了创始人卸任 CEO 后留在董事会的比例。如果是创始人兼 CEO 自己提出卸任，那么他留在董事会的比例是 96%；如果是董事会提出更换 CEO 的要求，则该比例降至 60%。不管怎样，在大多数创业公司里，继任 CEO 都不得不面对前任 CEO 仍然留在董事会这一状况。

显然，这会给新来的 CEO 带来麻烦，影响他施展拳脚。新 CEO 需要给公司传递一个清晰的信息，表明自己的权威，从而为即将发生的改革扫清障碍。以 Wily Technology 为例，卢同意把 CEO 的位置让给职业经理人理查德·威廉姆斯，前提是保留自己董事会主席的位置。但是理查德却坚持要求卢一并辞去董事会主席的职务，否则他不愿意出任 CEO。

理查德对卢说："卢，我尊敬你，但你不是董事会主席的合适人选。我希望大卫（风险投资人）担任主席。只有这样我才会接受 CEO 的职位。"在理查德看来，只有这样，他才能放手开展工作。

最后，卢被迫放弃了董事会主席的位置，但他希望继续留在公司从事管理工作。彼时，Wily Technology 的人事组织相对完整，让卢替代其他高管不是一件容易的事，但把他放到一个副职上似乎更糟糕。卢说："这真的很难，我能担任的技术岗位并不多。公司已经有一位首席科学家，有一位产品主管，还有一位工程主管。这些人都是我招来的，我不忍心跟他们抢职位。"所幸公司还没有CTO，最后这个职位给了卢。但这个决定并不像它看上去那么圆满。因为新增设的CTO没有直接下属，也没有具体的工作任务，更多的是象征意义。

在创业的过程中，由创始人担任高管的总趋势是逐渐下降的（主要是因为创始人离开和外聘高管的加入）。但是创始人卸任 CEO 后担任高管的比例却有一个明显的临时上升。在我统计的对象里，融资之前只有 12% 的商务主管是由创始人担任的,但在首轮融资后这一比例上升到38%,主要是因为让出CEO位置的创始人接任了这一职位。融资之前有43%的CTO由创始人担任,因为同样的原因,这一比例在首轮融资后上升到57%。在第二轮融资完成后,上述数字还有小幅的上升。

留下创始人的优势和风险

董事会认为留下卢对 Wily Technology 有好处。首先,理查德可以从卢那里获得帮助,了解公司的历史和来龙去脉,维护既有的客户关系,更重要的是获得卢招聘的老员工的认可。如果卢在理查德入职之前就离开公司,公司的士气会遭受打击,许多遗留的技术问题也将无法解决。正如一位风险投资人指出的:"你可以更换CEO,但是你无法更换创始人。"

另一方面,创始人(尤其是那些控制欲较强的人)往往会干涉新 CEO 的工作。发生在 Segway 公司的故事就属于这种情况。创始人兼 CEO 迪恩·卡门(Dean Kamen)认为公司需要一位能干又富有经验的 CEO。他希望这个人有汽车行业的从业经验,可以领导产品开发团队快速把产品推向市场。经人介绍,迪恩认识了蒂姆·亚当斯(Tim Adams)。蒂姆当时在克莱斯勒公司任资深副总裁,负责公司的转型业务。迪恩说服了蒂姆加入 Segway,并且向蒂姆保证自己不会干涉他的工作。但是,蒂姆加入公司后不久,迪恩就开始挑剔蒂姆,认为他的能力不足以担任 CEO，而且不应该拿那么高的薪水。迪恩先是限制蒂姆的管理权限，接着又否决了蒂姆公开测试产品的建议（除了自己，迪恩不允许其他人接触产品原型）。迪恩还在蒂姆申请修建新工厂的事情上一拖再拖。最终，迪恩换掉了蒂姆。此后，Segway 差不多每年都要更换一位 CEO，这严重地影响了公司的发展。

当然，也有创始人与新任 CEO 相处融洽的例子。Wily Technology 就是一个很好的例子。虽然卢起初并不看好接任者理查德，更不愿意担任 CTO，但是等他看到理查德的工作表现后，还是采取了合作的态度。理查德是一位职业经理人，有着 30 多年的工作经验，曾在 IBM 和 Novell 的高层工作。他曾经多次扭转公司的败局，在风险投资圈里具有很好的口碑。卢后来承认理查德身上有许多自己不具备的能力和素质，尽管两人在某些问题上存在分歧，但不影响他俩和谐共事。事实上，卢觉得能找到像理查德这样的人领导公司，也是他对公司做出的贡献之一。

新 CEO 如何获取支持

新 CEO 如果想取得创始人的支持，应该提前做好一些功课。赖斯·特拉赫特曼接替创始人迈克·布洛迪成为 Transcentive 公司的 CEO 后，为了获得迈克的支持，赖斯至少做了以下两方面的工作。

首先，赖斯提出在正式接任 CEO 之前，先出任运营副总裁，这样他就有机会了解公司运作情况和公司员工的特点。他曾经以外部顾问的身份给公司管理层做过培训，这也为他与大家的进一步接触打下了较好的基础。等到赖斯接任 CEO 时，他和迈克之间已经建立起有效的工作关系。迈克敬重赖斯的能力，他们对彼此的动机也有充分的信任。

其次，接任 CEO 之后，赖斯把握机会把迈克从繁琐的日常工作中解放出来，让他明白他的新工作不再是 CEO。"我做 CEO 几周后，迈克来找我商量员工福利的事。我告诉迈克，他应该专注做那些真正有意义的事，如果是不超过 10 万美元的问题，交给我处理就行。"赖斯用这种方式逐渐把迈克从他不该插手的事务中解放出来，同时让迈克专注从事更重要的工作。

在 Wily Technology，理查德也采用了类似的做法，他让卢放下琐碎的工作，但继续负责招聘技术人才，这让卢觉得自己对公司还是有价值的，增进了两人的信任。

小结

尽管出于乐观的天性，创始人往往觉得他们会一直担任公司的 CEO，但只要公司接受了风险投资，他们就存在让出 CEO

位置的风险。

投资人和创始人都应该把更换 CEO 看成是一个过程而非单一的事件。作为一个事件，它很可能让各方都不舒服，但是作为一个过程，各方也许能从中看到更多的机会，以及由此为公司带来的收益。

双方在谈投资条件时，就应该做到开诚布公。在 Wily Technology 的例子里，投资人大卫·斯特罗姆（David Strohm）从一开始就明确表态卢的 CEO 位置有可能会被人取代。风险投资公司 Greylock Venture Partners 的主席亨利·麦坎斯（Henry McCance）对我说："尽管投资人提前指出更换 CEO 的可能性，然而急于获得投资的创业者可能并不当真。他们嘴上说'好的，我什么都答应'，但是他们想的很可能是'我会让你们见识我的厉害！'"因此，即便投资人已经发出了换人的信号，他们必须明白，这个信号很可能没被正确地理解，或者干脆被忽略了。

同样，创业者应该做好心理上的准备。如果你有很强的控制欲，不愿意放弃 CEO 的位置，那么也应该在接受风险投资之前提出来。就算投资人没有主动提出这个问题，创始人也不应该误解为自己永远不会被替换。

创始人应该明白，如果决定了获取外部投资，自己就已经置身于有可能失去 CEO 位置的风险中。尽管如此，创始人还是掌握着一定的主动权，比如主动提出卸任 CEO，这样可以提前做好打算，让自己尽量保住在公司中的核心地位和控制权（如仍然担任高管或董事会主席）。风险投资人杰夫·巴斯冈（Jeff Bussgang）认为："如果等到投资人提出更换 CEO，那创始人的处境就非常被动了。对创始人来说，这将是一个大麻烦。"

自己提出辞去 CEO 职位是一件让人痛苦的事，但如果这样做可以让自己"在让出王位后保持王子身份"，对某些创始人来说还是值得的。

注释
Notes

1. 从 2008 年开始，我在调查问卷中加入了有关替换 CEO 的问题。这里的数据涉及 169 件更换 CEO 的案例。

2. 参见 Agrawal A.、Knoeber C.R.、Tsoulouhas T.的文章《Are outsiders handicapped in CEO successions?》，发表于 2006 年《Journal of Corporate Finance》，12(3): 619–644。

3. 参见 Fee C.E.、Hadlock C.的文章《Raids, rewards, and reputations in the market for managerial talent》，发表于 2003 年《Review of Financial Studies》，16(4): 1315–1357。

第四部分
结 论
CONCLUSION

创业是曲折艰难的过程，随时面临着让人左右为难的抉择。下定决心创业的人首先要考虑是独自创业，还是与人合伙创业；合伙创业者则要考虑彼此间的关系、角色和报酬；创业团队应该招聘什么样的人，是否应该融资，找什么样的投资人……

我已经举了不少例子用于说明这些选择会带来什么样的结果。有些结果正是创业者希望看到的，而有些结果事与愿违。本书最后一个部分将从财富与权力的角度重新看待创业者的窘境。

第 11 章
财富与权力
Wealth–Versus–Control Dilemmas

创业究竟是什么?有一个被广泛接受的定义是这样的:创业是在手头资源不足的情况下追逐某种机会的过程[1]。有一项研究估计,资源不足的创业者数量是资源充足的创业者数量的 60 倍[2]。这里的资源指的是人力资源、社会资源和财务资源[3]。公司掌握的资源越多,获取资源的速度越快,它的竞争能力就越强[4]。缺少资源是创业失败率居高不下的主要原因之一[5]。

本书讨论的大多数窘境都是资源不足导致的。如果创业者在创业之前已经拥有了他所需要的人力资源、社会资源和财务资源,那么他就用不着找合伙人、员工和投资人了,更不用担心被人赶下 CEO 的位置。

资源不足的创业者为了获取外部资源(尤其是那些紧俏的

资源[6]），就不得不用自己的资源来交换[7]。而掌握外部资源的交换者所要求的无外乎是两种东西：公司的财富和控制权。比如合伙人和员工希望用自己的工作和能力换取公司未来的财富；投资人则希望用资金换取公司的部分决策权和更大的财富[8]。而有关公司决策权的博弈主要体现在两方面：CEO的人选[9]，以及董事会的控制权[10]。

不愿意放弃财富和权力的创业者无法吸引优质资源，因而也就无法最大限度地追求他们看中的机会。本书描述的创业窘境其实都是关于如何在外部资源同权力和财富之间做取舍。因此，财富与权力的矛盾是所有窘境的根本原因。

窘境的根源

许多创业者梦想着创办一家成功的企业，然后用一辈子去经营。他们希望成为下一个比尔·盖茨或者安妮塔·罗迪克（Anita Roddick），既实现财富的最大化，又牢牢地掌控着自己创办的公司。

然而，能同时满足这两方面愿望的创业者非常少，因为在创业的每一个阶段，创业者都要在财富与权力之间做出取舍。在某一方面追求最大化，另一方面就必须做出妥协。

为了清晰地展示这种规律，我用表11.1概括了本书讨论的所有创业选择。

表 11.1　选择财富或权力

参与者	决策内容	增加财富的选择	维护权力的选择
创业伙伴	是否与人合伙	组建创业团队，吸引优秀人才	独自创业，或者寻找副手
	关系	物色互补型人才，建立紧密合作关系	从亲友中挑选合伙人
	权力分配	允许合伙人在自己擅长的领域做决策	建立管理等级，严格控制决策权
	股份分配	分享股权，吸引和激励合伙人	控制大部分股份
雇员	关系	从陌生人中挑选优秀人才	聘用亲友
	权力分配	决策权下放	严格控制决策权
	报酬	高薪聘请经验丰富的人才	低薪招聘缺少经验的新人
投资人	是否寻求投资	寻求外部投资	用自己的钱创业
	资金来源	天使投资或风险投资	向亲友借钱或举债

参与者	决策内容	增加财富的选择	维护权力的选择
	条件	为了争取到优秀投资人，愿意商量任何条件（包括出让控股权）	拒绝接受投资人的条件
	董事会成员	为了争取到优秀投资人，愿意放弃对董事会的控制权	避免建立正式的董事会，或者严格控制董事会人选
继任者	是否让贤	让能力更强的人接替自己担任 CEO	拒绝其他人担任 CEO
	何去何从	创始人继续在能够发挥自己特长的管理岗位上工作	被迫放弃 CEO 职位后，创始人通常会离开公司
其他	公司发展速度	快速扩张	稳步发展
	资本密集度	高	低
	创业团队的核心资源	资源相对充足，足够支撑创业	资源相对不足，需设法解决

喜欢权力的创业者往往会忽视合伙人、员工、投资人能为公司带来的价值。他们倾向于独自创业（或者只寻找副手），招聘缺少经验的新人，用自己的钱创业（或者只接受不会插手

公司管理的投资人），并且拒绝让其他人取代自己担任CEO。这类创业者对自己的公司有着绝对的控制权，并且主要靠自己的能力实现目标。他们对公司的控制更持久，但创造的财富相对较少。

相反，追求财富的创业者则倾向于与能力互补的人合伙创业，招聘优秀人才，在员工擅长的领域给予其充分的自主权，为了争取到优秀投资人，愿意商量任何条件（包括出让控股权），随时准备让能力更强的人接替自己担任CEO。他们不担心自己对公司的控制权，所以乐于将一部分决策权交出去，只要合伙人、员工、投资人能为公司创造更大的价值。

没有经验的创业者往往不知道早期的决定会带来什么样的后果，更不清楚这些决定会把他们引向哪个方向。如果创业者能以表11.1为依据，从全局的角度考虑创业过程，那么他们就更容易做出与自己的期望相符的决定。

财富与权力的矛盾

我的调查表明，既实现财富的最大化，又牢牢掌控公司的创业者非常少。很少有创始人在公司规模扩大或上市后仍然担任CEO。比尔·盖茨和安妮塔·罗迪克之所以如此出名，正是因为他们是例外中的例外。

我遇到的首次创业者大多对自己公司的潜力充满信心,同时相信自己会一直带领公司走下去。创业者天生乐观的倾向使他们高估了自己的能力,同时低估了创业所需的外部资源。相比之下,我在连续创业者身上就很少发现这种盲目的乐观。

我的调查结果表明,维护权力的创业者往往是以牺牲财富为代价的。那些倾向于控制公司的创业者往往拥有公司较多的股份,但是公司规模却偏小;而那些追求财富的创业者,虽然拥有的股份较少(相对而言),但公司的规模却更大。前者拿到的是"小馅饼的一大块",后者拿到的是"大馅饼的一小块"。在最近的一项研究中,我调查了 449 家公司,统计创始人持有自己公司股份部分的估值[11]。结果表明,既不放弃 CEO 职位又坚持担任董事会主席的创始人持有股份的估值只有那些放弃 CEO 和董事会主席的创始人持有股份估值的一半(见图 11.1)。有趣的是,即使只放弃 CEO 或董事会主席中的一个职位的创始人,其持有股份的估值也要高于两者都要的创始人。而且,这种有趣的趋势在大小公司里都普遍存在,似乎与公司的规模大小无关。

此外,我收集了从 2005 年到 2009 年间 1658 家 IT 创业公司的资料,特地比较了独自创业者与合伙创业者的情况。结果表明,独自创业者对权力的控制欲通常较强。这种倾向主要表现在以下几个方面。

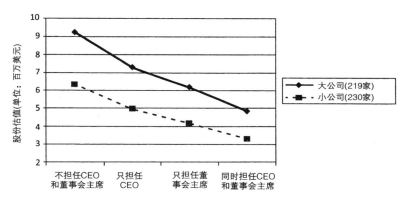

图 11.1 创始人持有公司股份的估值

- 独自创业者比合伙创业者更倾向于招聘年轻的员工,说明他们更喜欢招聘缺少经验的人。

- 独自创业者借债创业的比例是合伙创业者的两倍,主要是为了避免削弱自己对公司的控制权。

- 独自创业者首次向外融资的时间普遍晚于合伙创业者,而且金额也较小。

- 首轮融资之后,多数独自创业者仍然同时担任着公司的 CEO 和董事会主席。

- 独自创业者的公司估值通常较低。

以上比较结果从另一个侧面印证了,对 IT 创业领域的大多数人来说，权力与财富之间存在某种不可调和的矛盾。

再次回顾埃文的经历

此前，我已经详细描述了埃文·威廉姆斯创办 Blogger 和 Odeo 的经历，以及他前后矛盾的决定。现在，让我们从权力与财富的角度再一次回顾他的选择。

创办 Blogger 时，埃文非常在意自己对公司的控制权，他的所有选择都是在这种倾向下完成的。他选择与女友梅格一起创业，而梅格既没有 IT 行业的工作经验，也没有创业经验。一开始埃文低薪聘请缺少经验的朋友和熟人开发产品，后来连这些人的工资都开不出来，只能依靠从网上招来的志愿者继续开发产品。为了维护他对公司的绝对控制权，埃文拒绝与梅格平分股权。当他与梅格产生分歧时，他否决了她的建议，继续一意孤行。

即使是在互联网经济最红火的时期，埃文也故意回避风险投资。他只愿意接受亲友的资助和天使投资，还曾经尝试过向网友募捐。公司的董事会里没有一个外人，因此也给不了埃文管理和经营上的建议。当梅格企图取代他成为 CEO 时，他全力反击，并且把女友赶出了公司。最终，公司所有员工都离职了，只剩下埃文一个人苦苦支撑他的梦想。

等到埃文创办 Odeo 时，他的控制欲已经大大降低。这一次，实现财富最大化的愿望占了上风。埃文选择与诺亚·格拉斯合伙，诺亚在网络音频方面有着丰富的开发经验，是很理想的合伙人。他让诺亚·格拉斯担任 CEO，并且分给他可观的股份，丝毫不担心自己因此会失去对公司的控制权。

发现播客的市场潜力后，埃文展开了一系列的行动促进公司的快速发展。他从知名风险投资公司那里拿到 500 万美元的投资，然后高薪聘请有经验的职业经理人、技术人员、营销人员，并给予他们在各自领域充分的自主权，希望在最短的时间里扩大 Odeo 的市场影响力。

尽管后来 Odeo 在与苹果公司 iTunes 的竞争中败下阵来，但是埃文的团队凭借一款新产品 Twitter 稳住了阵脚，并且取得了空前的成功。

Twitter 的点子来自 Odeo 的一位工程师杰克·多西（Jack Dorsey）。Twitter 允许用户发送简短信息来分享自己的工作、生活、感受、意见，同时吸引关注者。

埃文接受了杰克提出的转型开发 Twitter 的建议。他任命杰克·多西担任新 CEO，开始全力开发这款新产品。2008 年，Twitter 的注册用户数量呈现爆炸式的增长，每月新增用户数达到几百万。为了将庞大的用户数量转换成实际收入，2009 年埃文又请来 FeedBurner 的创始人迪克·科斯特洛担任公司的 COO，随后又在 2010 年让迪克出任 Twitter 的 CEO。

我们不难看出，埃文在经历 Blogger 之后，逐渐改变了固执己见、独揽大权的习惯，只要能让公司更好地发展壮大，他不介意让出 CEO 的位置。

折中的选择

有些创业者希望在权力与财富之间选择中间路线。比方说，他们会选择独自创业，只招聘不会挑战自己权威的员工，争取在融资之前开发出有吸引力的产品，这样就能在与投资人的谈判中取得优势，从而将公司牢牢掌握在自己手中。然后他们就可以利用投资扩大公司的生产规模，实现财富的最大化。著名天使投资人布莱恩贝尔（Brian Bell）表示："这种策略的最大难题在于创业者必须决定从什么时候开始放弃一部分控制权，转而全力扩大公司规模。"

保姆中介网站 Sittercity 的创始人吉纳维芙·西尔斯（Genevieve Thiers）采用的就是这种创业策略。吉纳维芙从一开始就打算独立创业。她从亲友处借钱创办 Sittercity，请男友为自己打工，公司所有事都由她说了算。直到 Sittercity 上线 8 年后，她才决定对外融资，进一步扩大公司规模。这时 Sittercity

已经名声在外，有一支优秀的团队和稳定的营业收入，因此吉纳维芙有条件挑选最好的风险投资公司。在与投资人的谈判中，她也占据了明显的优势。吉纳维芙对我说："我知道许多创业者早早就开始融资，因而也逐渐失去了对公司的控制权，公司实际上是由投资人在管理。而我希望自己决定公司的发展方向和发展方式。等到一切条件都成熟后，我才决定对外融资，借助资本的力量将公司做得更大。我们大概是风险投资人见过的最晚进行首轮融资的公司。Sittercity 已经相当成功，有成熟的商业模式，有默契的团队，投资人只需要投钱进来，等着分红就行。"

然而这种策略并非普遍适用。Sittercity 之所以可以采用这种策略，主要是因为它不是一个资本密集型的项目，而且创始人有充足的时间和耐心。对不符合这些条件的创业公司来说，采用折中路线很可能增加失败的概率[12]。

好结果与糟结果

追求财富一定比追求权力更好吗？对资本密集型行业来说，要在激烈的竞争中快速脱颖而出，创始人追求权力的倾向很可能会阻碍公司的发展。但在其他条件下，追求财富并不一定比追求权力高明。关键在于创业者的一系列决策是否与他的创业动机一致。如果创业者的多数决策与自己的创业动机不一致，那就是比较糟糕的结果。

如果一位追求权力的创业者无意中做出了一系列实现财富最大化的决策，或许也能得到某种结果，只不过这种结果不一定是他希望的。卢·西尔内本来打算一直掌控自己打造的公司，但是在引入风险投资后，他逐渐失去了对董事会的控制，最后不得不辞去 CEO 的职位。虽然新任 CEO 带领公司发展得顺风顺水，卢也因此获得了可观的收益，但是被迫卸任对他来说始终是一种遗憾。

因此，即使在表 11.1 的指导下，创业者也不一定能做出合适的选择。这主要是因为：第一，有些创业者没有明确的创业动机，常常是权力和财富两者都想要；第二，缺少经验的创业者对自己还不够了解，不清楚自己究竟想要什么，同时对创业的困难缺少心理准备。在第一种情况下，他们做出的决策往往是前后矛盾的。在第二种情况下，首次创业者会因为缺少经验而做出错误的选择。

首次创业者的经验不足主要体现在以下四个方面：第一，不清楚创业公司的发展分为哪几个阶段，这些阶段有哪些差异；第二，不清楚每个阶段会发生哪些变化，这些变化有可能给自己和团队带来什么样的挑战；第三，不知道自己和团队需要什么样的能力才能应对这些挑战；第四，不清楚自己是否愿意，以及如何在财富与权力之间做出选择。

作为首次创业者，卢就缺少这四方面的认识。他不知道随着公司初期的快速发展，他个人的能力很快就会显得捉襟见肘。他事后才认识到自己作为技术主管的工作经验还不足以领导一家体量较大的公司。由于从未与风险投资公司打过交道，他不知道在接受对方资金的同时，自己对公司的控制权也在削弱。最后，卢没有料到自己真的会被迫辞去CEO职位，尽管在首次与风险投资人接洽时，对方就已经礼貌地暗示了这种可能性。

其他现象

除了追求权力与追求财富的倾向外，我还观察到一些与此有关的现象。首先，控制欲望较强的创业者通常都不介意公司发展速度较慢，或者说，他们不希望公司的发展速度超过自己学习新知识和掌握新能力的速度。这类创业者通常都对自己学习新东西的能力不够自信，因而拒绝公司快速扩张[13]。相反，追求财富的创业者往往更易于接受新事物，期望给公司注入新元素，从而促进公司的快速发展。

其次，在资本密集、竞争激烈的朝阳行业里，创业者对公司的控制通常都较弱。因为在强大的竞争压力下，创业者只有两条路可选：要么想办法快速发展活下去，要么关门。相反，在资本不那么密集，竞争也不激烈的夕阳产业里，创业者往往更容易牢牢控制公司。埃文创办 Odeo 时，遇到的就是前一种情况。当埃文看到苹果公司的开发人员演示的 iTunes 产品原型后，他感到了一种前所未有的压力。埃文事后解释了他为什么急于寻找风险投资，他说："这是一种迫在眉睫的压力。苹果公司已经开发出了产品原型，雅虎也计划推出类似的产品，每一家有实力的公司都看到了播客市场的潜力。而且不断有人联系我，希望开展合作。我感觉所有人都盯着这一块，播客市场马上就会出现爆发式的增长。我必须加快步伐。除了融资我没有别的选择。"

提高胜算

完全控制公司，同时实现财富最大化的创业者并不多见。极少数人取得这样的成功，也许要归功于机会和运气。比如，IBM 公司推出 PC 时，恰好需要配套的操作系统，这给了微软和盖茨极好的机会。

大多数创业者最终只拥有公司的一部分控制权和中等的财富，而不同的人在控制程度和资金规模上有着不同的差别。创业者都希望尽可能同时提高控制程度和资金规模。那么创业者能做哪些准备，从而提高自己在控制权与财富方面的胜算呢？我个人有几点建议。

积累资源

创业前和创业的过程中积累的资源越多，创业成功的可能性就越大，也就越有可能同时提高创业者对公司的控制程度和资金规模。

首先，创业者个人掌握的知识和技能越多，他对外部资源的依赖就越少，因而也就较少受外界的牵制。即使公司要融资，这种优势也会增加他们的谈判筹码，从而获得更有利的条件。这些知识和技能并不一定是创业前就具备的，有可能是在创业实践中通过摸索学习到的。因此创业者要比普通人付出更多的努力，向自己不擅长的领域发起挑战，比如技术出身的创业者往往对营销和销售工作望而却步，如果不设法克服这种困难，创业者恐怕就很难在公司规模扩大后保住自己CEO的位置。

其次，创业者应该尽可能多积累人脉关系，尤其是所在行业的人脉关系，包括潜在客户、专业人士、投资人等。研究表明人脉关系可以帮助创业者保留更多对公司的控制权[14]。这是因为人脉关系可以为创业者背书，提升创业公司的可信度，降低投资人的担心，从而也就降低了投资人为了保护投资进而控制公司的必要性。熟人好办事，有交情的投资人更愿意在创业者身上冒险，对创业者也更宽容，更有耐心。由熟人组成的董事会也比较少逼创始人让出 CEO 的位置，因为以往共事的经历会加深人们相互之间的信任[15]。

未雨绸缪

我们已经知道创业者早期的选择会极大地影响公司未来的发展。比如，选择与亲友一起创业往往会给今后的发展带来隐患；创业合伙人平分股权是一种非常草率的做法；接受风险投资有可能让创始人失去 CEO 职位等。

如果创业者为形势所迫，不得已做出这类选择，那么至少应该为今后可能出现的问题做好准备。比如，如果创业者不得不与亲友一起创业，那么应该事先约法三章，将今后有可能出现的纠纷降到最低程度，避免影响到公司的正常运转。如果合伙人希望尽早分割股权，那么至少可以签订动态的股权分配协议和相应的条款，而不是签订一个不可更改的数字。在接受风险投资之前，应该对风险投资公司的做事风格和以往的投资项目有一个基本了解，回避那些过于强势的投资公司。在签订投资合同时，注意保护自己的权益，尤其要注意有关优先清算权的条款（详见第 9 章）。

锲而不舍

创业者应该认识到一蹴而就的成功毕竟少见，大多数人都是多次创业后才取得成功的。连续创业者也许不是那种直接登上事业巅峰的人，但是却通过不断的学习和积累越来越接近心中的目标。我的调查表明，连续创业者比首次创业者获得的股份更多，而且在 CEO 的位置上待的时间更长。另一项调查表明，连续创业者的成功率要比首次创业者高[16]。

以卢·西尔内为例，Wily Technology 是他创办的第一家公司。虽然最后卢被迫将 CEO 的位置让给了职业经理人理查德·威廉姆斯，但这并没有阻止卢继续创业的脚步。凭借第一次创业的经验和教训，他又创办了第二家公司 New Relic。这一次，卢很好地掌握了公司的控制权，并且取得了前所未有的成功。我的另一位调查对象，FeedBurner 的创始人迪克·科斯特洛也是在经历了四次创业后，才逐步走向事业巅峰的。

被收购与上市

尽管大多数创业者都希望自己的公司能够成功上市，但是一项 2010 年的调查显示，即使是那些成功融资的创业公司，最后被收购的情况远远多于成功上市，从数量上看，前者几乎是后者的三倍。接下来，我们将分析创业者面临这两种情况时需要考虑的因素。

是否出售公司

一旦创业公司收到收购的请求，创业者就面临是否出售公司的决策。对某些人来说，这也许是个好消息，但另一些人也许会举棋不定。我们分别来看看两方面的原因。

拒绝收购的原因

创业者的动机往往决定了他们的选择，在收购问题上也不例外。追求权力的创业者很可能不愿意公司被收购，一方面是舍不得把自己的公司交给别人，另一方面也担心自己一手打造的企业文化被收购的公司破坏。

创办 Blogger 不久后，埃文·威廉姆斯就收到了一个收购请求，对方开价 100 万美元。当时公司现金不足，很快就开不出工资了。公司上下都希望埃文接受收购。出售 Blogger 可以让埃文摆脱这些烦心事，但他最后还是决定拒绝收购。甚至等到 Google 向他提出收购请求时，一开始他也是有抵触情绪的。埃文回忆说：“我在 Blogger 上倾注了四年的心血，我无法轻易放弃它。”

即使是追求财富的创业者在收到收购请求后也不一定愿意

接受。比如，有些人认为如果再坚持一段时间，可以让公司创造更大的价值。2000 年，当互联网公司变得越来越值钱时，FeedBurner 也收到了收购请求，但是创始人迪克·科斯特洛却并不打算急着出售公司，他回忆说："我当时觉得公司还有更大的潜力，我们还有许多事可做，应该再坚持一段时间。"出于同样的原因，当 2008 年 Facebook 向 Twitter 抛来橄榄枝时，埃文说服董事会拒绝了这一收购要求，他说："我们可以做的事太多了，还远远没到放弃的时候。"

此外，以前的一些决策也有可能让创业者不愿意接受收购。比如，一旦创业公司答应给予风险投资公司优先清算权（详见第 9 章），那么出售公司时风险投资公司有权优先收回投资。如果收购金额偏低，很可能意味着创业者获利很低，甚至干脆颗粒无收。在这种情况下，创业者通常都会拒绝收购。以 Lynx Solutions 为例，创始人詹姆斯和哈维尔事先与风险投资公司签订了投资协议，给予对方优先清算权。只有当风险投资公司收回了相当于 3000 万美元的投资后，剩下的钱才能按股份分配给公司的创始人和员工。然而两家收购公司开价都不到 3000 万美元，如果答应收购，意味着两位创业者白白工作了几年，什么钱也拿不到。詹姆斯说："我们相信公司还有希望，所以拒绝被收购。即使我们要退出，也不会采用这种方式。"

接受收购的原因

愿意接受收购的创业者有一部分是因为公司业绩不佳。当公司的现金流行将枯竭时,这种想被收购的愿望就更强烈了。迪克·科斯特洛创办的第一家公司 DKA 就属于这种情况。当时公司账上的现金快用完了,而投资人拒绝进行第二轮投资。迪克找不到潜在的投资者,最后只能将公司低价出售。

对公司前景信心不足也是接受收购的原因之一。例如,一家股票期权软件公司在 2001 年遭遇了重大的行业变化,新出台的法案对期权的限制更加严厉,原来的客户减少了对股票期权的使用,转而采取其他方式补偿员工。这意味着公司对客户的服务出现了空白,原有的业务已经不足以支撑公司的运营。公司要么斥资开发新软件,要么收购一家能填补这一空白的公司,但两种方案实现起来都有难度。公司管理层对市场前景也不看好,最后只能被其他公司吞并。

此外,如果创业团队内部积蓄了过多的人员矛盾,那么大家也许对继续共事已经没有信心,但是又不愿意轻易放弃自己付出的心血。这时如果有收购请求,一般会被大家当成救命稻草。被收购后,每个人都可以分到钱,不愿意留下的可以离开,大家都可以松一口气。

最后,对于追求财富的创业者来说,公司被收购也许本来就是他们的创业目标——卖掉公司，拿到一大笔钱，开始新的人生。即使是那些追求权力的创业者，如果他们将卖掉公司视为再次创业的跳板，也有可能乐于接受收购。有了这笔钱，他们就可以更从容地控制自己的新公司。以卢·西尔内为例，他将 CEO 的职位让给职业经理人理查德·威廉姆斯，然后以创始人兼 CTO 的身份继续留在 Wily Technology 工作。2006 年，Computer Associates 以 3.75 亿美元的价格收购了 Wily Technology。卢拿到属于自己的钱后离开了公司，又创办了一家新公司 New Relic。卢把创办 Wily Technology 的经验和教训都用在了创办 New Relic 上。这一次他有足够的资金和人脉，足以牢牢控制住自己的新公司。

两种收购方式

收购的方式主要有两种：一种是一次性买断，也就是用现金购买被收购方手中的股票；另一种是按盈利能力支付（earn-out），先付一部分现金，余下的金额根据创业团队的经营表现决定。如果收购方想在收购后替换掉原有的管理团队，通常会采用第一种方式。如果收购方希望留住部分团队成员，通常会采用第二种方式。第二种方式可以过滤掉那些对自己信心不足的创业团队，也让有信心的团队可以继续实现自己的梦想和目标，同时获得相应的回报。

愿意采用第二种方式的收购方通常看到了创业团队的潜力，因此也愿意开出更高的价格。例如，Lynx Solutions 对外释放出售计划后，有两家公司表示了收购意向，分别是 Mobilink 和 Spotlight。Mobilink 希望一次性买断 Lynx Solutions，开价为 2000 万美元，要求在 30 天内完成交接。而 Spotlight 愿意提供相当于 2500 万美元的现金和股票，而且允许创业团队留下继续工作，如果团队在两年内完成设定的目标，还有 1000 万美元的后续奖励。

这两种方式各有优缺点。只有了解其中的区别，创业团队才能做出适合自己的选择。比如，尽管 Spotlight 开出的条件更优越，但 Lynx Solutions 团队最后还是选择了 Mobilink，因为大家坐了几轮"创业过山车"后已经感到疲倦，希望有机会停下来休整。

是否上市

上市的优点首先是公司可以通过公共渠道获得新的资本。上市公司可以利用这些资金进一步扩大经营规模，或者收购较小的竞争对手，占领更多的市场份额。其次，上市可以提升公司在公众中的知名度和信誉度，从而吸引更多的潜在客户。

但是上市也有不利的一面。上市后，公司必须定期对外公布财务状况，同时受到更严格的监管。公司的投资人也从少数几位可以随时面谈的人变成许多不认识的陌生人。L90 公司的创始人弗兰克·阿丹特对我说："上市之前，我只需要与几位投资人沟通就行。我可以与他们面对面地交流，让他们相信我的规划和愿景。只要赢得他们的信任和支持，我就可以调用资源做一些对公司长远发展有利的事，这是相对容易的。而上市之后，我面对的是模糊的公众和媒体，大家都盯着股价，你要做的就是想尽一切办法不让股价掉下来，哪怕一个季度也不行，否则人们就会不满，开始抱怨，向你泼脏水，威胁要赶你走。我不得不做一些表面上好看，但并不一定有利于公司长远发展的事。"

上市对投资人来说绝对是利好，因为他们在公司上市后可以收回投资，但是对创业者来说有利也有弊，是一把双刃剑。如果你需要大量的发展资金，上市是一个不错的选择。如果你讨厌被公众和华尔街的意见左右，上市也许并不是什么明智之举。

难解的疑惑

我们曾在第 1 章提出几个让人疑惑的问题。现在，在仔细疏理了创业可能遇到的问题后，我们已经有信心来解答这些曾经让人疑惑的问题了。

为什么这么多聪明人选择创业

我在第 1 章提到过,与普通就业者相比,创业者最初几年的收入水平和收入增长速度都明显偏低。总体来看,创业者创业头十年内的收入要比替人打工的收入少 35%。这些数据难免会让人产生疑惑,如果创业不一定能赚大钱,为什么有这么多高智商的人选择创业呢?现在我们知道了,并非所有创业者的创业动机都是赚钱,有些人是为了证明自己的创意,有些人是为了打造属于自己的"帝国",有些人是为了实现自己的梦想。创业的原因多种多样,并非只有赚钱。这些聪明人选择创业的背后有着多样化的动机。

创始人是公司的强权者

学术界一向认为创始人是公司的强权者。这种观点很朴素——想出创业点子并整合资源的人难道不应该牢牢掌控公司吗。我的调查数据已经从事实上否定了这种假设。虽然创始人的确具有一定的威信,但是为了实现自己的梦想,他们必须吸引足够的外部资源。而要获取这些资源,他们不得不用手中的权力和财富进行交换。结果是有些创始人甚至被风险投资人赶下了 CEO 的位置。像比尔·盖茨、理查德·布兰森、安妮塔·罗迪克和迈克·戴尔这样始终控制自己公司的创业者实际上是极少数的特例。

后续研究建议

本书调查研究的对象都是美国本土的创业公司，而且仅限于 IT 行业和生物技术行业。书中提到的窘境都是从这些调查对象的经历中提炼出来的。读者在阅读本书时，不应该忘记这些边界条件。我不能保证在其他国家和行业也存在类似的情况。这些条件既限定了我的研究范围，也为今后的研究指明了方向。

边界条件

本书讨论的对象都是具有高发展潜力的创业公司，也就是说，这些公司（通常是科技公司）有潜力发展壮大，产生巨大的经济效益。在这类创业公司里，创业者的窘境显得尤为突出，原因是这类创业者通常缺少足够的能力、资源、人脉让公司快速发展。捉襟见肘的条件让这些创业者频繁陷入左右为难的窘境。

与这类具有高发展潜力的创业公司相对的是自营的小本生意。有研究表明，小本生意有时也会为了某些非营利目标放弃部分财富[17]。然而这些研究并未直接回答小本生意是否以及在多大程度上放弃了对生意的控制权,也没有回答这样做是否让他们获得了更多的经济利益。将来的研究必须回答这些问题,才能搞清楚小本生意是否也会遇到本书中提到的窘境。

另一个本书没有涉及的领域是非营利性组织。非营利性组织为了达成目标也要吸引外部资源[18]。这类机构的创始人是否也会遇到类似本书提到的窘境,以及创始人的动机是否也会影响组织的决策和发展,这些都值得做进一步的调查研究。

此外,我的调查对象都是美国本土的创业公司。我不清楚这些窘境在多大程度上受到了美国的法律、法规、文化、习俗的影响。这些窘境在全球范围内是否具有广泛的共性也是未来进一步研究要解决的问题。

我知道有研究者已经在做这方面的工作。一个名为全球创业观察(Global Entrepreneurship Monitor,GEM)的项目正在全世界范围跟踪研究创业公司,旨在更好地理解创业现象和过程。GEM 的调查涉及 42 个国家和地区,包括 23 个高收入国家和 19 个中低收入国家。他们的调查表明在这些国家和地区,财富与权力是创业的主要动机[19]。在每一个被调查的国家和地区,至少有 35%的创业者的创业动机是控制公司,而至少有 30%的创业者的创业动机是财富最大化。这足以说明在这个问题上，美国与全球其他地方存在相似之处。至于我提出的其他窘境在这些国家和地区是否存在相似的情况，则有待调查人员的进一步研究和分析。

研究建议

首先，虽然我在调研的过程中不可避免地遇到了一些连续创业者（如埃文·威廉姆斯、迪克·科斯特洛、卢·西尔内等），但是本书的研究侧重于初次创业。我知道有人已经在开展针对连续创业者的研究[20]。我很期待看到这两方面的对比数据，即我提出的这些窘境对初次创业者和连续创业者有哪些不同的影响，从而理解连续创业者制订决策的方式有哪些特点。我相信这里面包含了许多有趣的问题，值得做进一步的研究。

其次，我的调查对象大多是创业的主要参与者：创始人、合伙人、员工、投资人。然而在创业过程中还有其他一些参与者，他们也通过某种方式提供了创业所需的资源，比如一些承接外包业务的公司和其他类型的业务合作伙伴。是否与这些人和机构合作也是创业者不得不考虑的问题。比方说，如果公司计划与另一家公司建立合作伙伴关系，那么就势必涉及权力的重新分配问题（因为有些事情不可能在公司内解决了），以及财富的重新分配（因为必须与对方分享）。这些问题与我提出的某些窘境在实质上并无差别，因而也是让创业者头痛的问题，值得做进一步的研究。

最后,本书没有回答创业初期常见的一种窘境:应该选择在哪里创业[21]。选择在硅谷这样的科技园区创业当然可以吸引更优秀的人才和投资人[22],但是也有一些创业者因为家庭或其他客观原因不得不选择其他资源不那么密集的地方创业,而且也有一些成功的案例。我认为这其中的细微差异也值得做进一步的研究。

小结

在外人看来,创业者身上环绕着一种神秘感,他们仿佛是受到了某种使命的召唤,具有常人不具备的优势。但是创业者自身应该对自己的创业动机有更清晰的认识。最基本的动机决定了他们应该做出什么样的创业选择。正如罗马哲学家塞内卡所言:"船驶向何方决定了如何借助风势。"

然而,仅仅知道自己的动机还不够。创业就像荒野求生,当事人只知道大概的前进方向,并不清楚具体的求生路线。他们常常看不清出现在面前的分岔路——有时他们只看到左边的路,而不知道右边另有一个出口。就算发现了分岔路,他们也不知道哪一条通往康庄大道,哪一条引向毁灭的深渊,只能凭着运气往前走。大多数人就这样摸索着前行,许多人倒在了路上。

我把这些无法回避的分岔路称为创业者的窘境,希望警醒那些蒙昧的创业者。当然,我还不至于狂妄到以为自己画出了荒野求生的地图,但是我相信至少标出了几个分岔路的位置。更艰苦的绘图工作还等待着我们一起去完成。

作为一名学者,我对成功和失败抱有同样的研究兴趣,但我衷心祝愿本书的读者都走上成功之路。

注释
Notes

1. 参见 Stevenson H.H.和 Jarillo J.C.的文章《A paradigm of entrepreneurship: Entrepreneurial management》，发表于 1990 年《Strategic Management》，11(1): 17-27。

2. 参见 Evans D.S.、Jovanovic B.的文章《An estimated model of entrepreneurial choice under liquidity constraints》，发表于 1989 年《Journal of Political Economy》，97(4): 808-827。

3. 参见 Starr J.A.、MacMillan I.C.的文章《Resource cooptation via social contracting: Resource acquisition strategies for new ventures》，发表于 1990 年《Strategic Management Journal》，11: 79-92。

4. 参见 Romanelli E.的文章《Environments and strategies of organization start-up: Effect on early survival》，发表于 1989 年《Administrative Science Quarterly》，34(3): 369-387。

5. 参见 Stinchcombe A.L.的文章《Organizations and social structure》，发表于 1965 年《Handbook of Organizations》，153-193。

6. 参见 Peteraf M.A.的文章《The cornerstones of competitive advantage: A resource-based view》，发表于 1993 年《Strategic Management Journal》，14(3): 179-191。

7. 参见 Pfeffer J.、Salancik G.R.的著作《The External Control of Organizations: A Resource Dependence Perspective》，Harper and Row 出版社 1978 年出版。

8. 参见 Amit R.、Glosten L.、Muller E.的文章《Entrepreneurial ability, venture investments, and risk sharing》，发表于 1990 年《Management Science》，36(10): 1232–1245。

9. 参见 Hellman T.的文章《The allocation of control rights in venture capital contracts》，发表于 1998 年《RAND Journal of Economics》，29: 57–76。

10. 参见 Lerner J.的文章《Venture capitalists and the oversight of private firms》，发表于 1995 年《Journal of Finance 50》，301–318。

11. 参见 Wasserman N.的文章《Rich vs. King: The entrepreneur's dilemma》，发表于 2006 年《Best Paper Proceedings, Academy of Management》。

12. 参见 Baum J.R.、Locke E.A.、Smith K.G.的文章《A multidimensional model of venture growth》，发表于 2001 年《Academy of Management Journal》44(2): 292–303。

13. 参见 Amar Bhide 的著作《The origin and evolution of new businesses》第 149 页，牛津大学出版社 2000 年出版。

14. 参见 Burt R.S.的文章《The contingent value of social capital》，发表于 1997 年《Administrative Science Quarterly》，42(2): 339–365。

15. 参见 Tsai W.、Ghoshal S.的文章《Social capital and value creation: The role of

intrafirm networks》，发表于 1998 年《Academy of Management Journal》，41(4): 464-476。

16. 参见 Gompers P.、Lerner J.、Scharfstein D.、Kovner A.R.的文章《Performance persistence in entrepreneurship and venture capital》，发表于 2010 年《Journal of Financial Economics》，96(1): 18-32。

17. 参见 Hamilton B.H.的文章《Does entrepreneurship pay? an empirical analysis of the returns to self-employment》，发表于 2000 年《Journal of Political Economy》，108(3): 604-631。

18. 参见 Stevenson H.H.和 Jarillo J.C.的文章《A paradigm of entrepreneurship: Entrepreneurial management》，发表于 1990 年《Strategic Management》，11(1): 17-27。

19. 详细的 GEM 调查报告：http://www3.babson.edu/eship/research-publications/gem.cfm。

20. 参见 Gompers P.、Lerner J.、Scharfstein D.、Kovner A.R.的文章《Performance persistence in entrepreneurship and venture capital》，发表于 2010 年《Journal of Financial Economics》，96(1): 18-32。

21. 参见 Aldrich H.和 Ruef M.所著《Organizations Evolving(2nd edition)》，SAGE 出版社 2006 年出版。

22. 参见 Lerner J.的文章《Venture capitalists and the oversight of private firms》，发表于 1995 年《Journal of Finance 50》，301-318。

附录 A
思维实验
Thought Experiment

让我们来做一个简单的思维实验,来看看在权力与财富之间选择折中路线是否可行。假设一位创始人在创业过程中只需要做三次选择:第一次是关于合伙人的,第二次是关于员工的,第三次是关于投资人的。而每一次选择只有两个选项:一个选项有80%的概率继续控制公司,但只有20%的概率实现财富最大化,我们称之为有利于控制公司的选项;另一个选项有80%的概率实现财富最大化,但只有20%的概率继续控制公司,我们称之为有利于实现财富最大化的选项。

如果创始人三次做出的都是有利于控制公司的选择,那么他控制公司和实现财富最大化的概率如下:

控制公司的概率：80% × 80% × 80% = 51.2%

财富最大化概率：20% × 20% × 20% = 0.8%

　　反之，如果创始人三次做出的都是有利于实现财富最大化的选择，那么他控制公司和实现财富最大化的概率如下：

控制公司的概率：20% × 20% × 20% = 0.8%

财富最大化概率：80% × 80% × 80% = 51.2%

　　可见，如果创始人坚持一致的选择，那么他将有 51.2% 的概率实现至少一个目标，但实现另一个目标的概率只有 0.8%。

　　那么选择折中路线的情况又如何呢？假设一位追求权力的创始人在第三次选择时做出了与自己的创业动机相反的选择（即选择了有利于实现财富最大化的选项），那会发生什么变化呢？

控制公司的概率：80% × 80% × 20% = 12.8%

财富最大化概率：20% × 20% × 80% = 3.2%

　　在这种情况下，创始人控制公司的概率出现了大幅的下降，从 51.2% 降到了 12.8%，而实现财富最大化的概率增长却非常有限，从 0.8% 上升到 3.2%。两个目标都落空的概率甚至超过了 80%。

可见，折中路线是存在一定风险的，其代价相当大。对那些不清楚自己创业动机的创始人来说，折中路线也许是不得已而为之，但是一旦你清楚了自己的创业动机，只要做出与动机一致的选择，就有可能极大地提高成功率。

附录 B
创业决策模型
A Model of Founder Decisions

本书描述了创业者常常遇到的决策和影响这些决策的因素。这些因素涉及从创业动机到创业策略的各个方面。我将这些因素综合起来做成一个模型，用图 B.1 表示。

图 B.1 涵盖了创业动机（包括权力、财富、挑战自我、出人头地、回报社会等）和创业决策（该不该创业、独自创业还是与人合伙、团队关系、角色划分与决策、股权分配、招聘问题、选择投资人、CEO 的更替等），以及与此相关的因素。

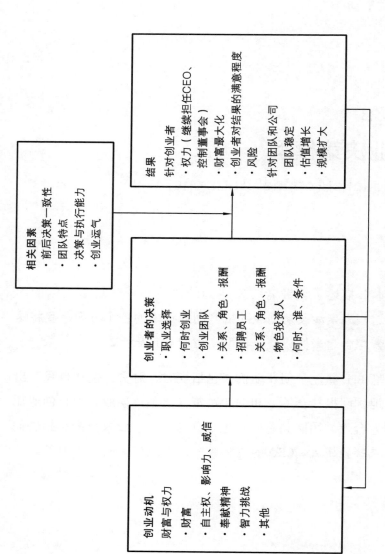

图 B.1 创业决策模型

附录 C
调研数据
Quantitative Data

本书使用的数据来自我从 2000 年到 2009 年的调查研究。这里简要回顾一下我的调研过程和收集数据的方式。

调研过程

我从 1999 年开始系统研究创业者和具有高潜力的创业公司,当时公开发表的可用数据非常少,研究人员采用的都是上市公司的数据,根据这些数据反推它们创业阶段的情况。然而大多数创业公司都还处在起步阶段,属于私人企业,有关它们的资料少之又少。

在这种情况下,我开始自己着手收集数据。1999 年,我联系了三家专业服务机构，它们分别是 Ernst & Young（一家会计师事务所）、J.Robert Scott（一家猎头公司）、Hale & Dorr（一家法律事务所）。我设计了调查问卷和调查方法，请它们协助我开展调查。第一轮调查在 10 家公司里开展。随后我们又搭建了一个网站 CompStudy.com 来展示我们的调查结果。最初的 10 年，我们调查的对象主要是美国本土的公司，最近我们将范围扩大到了世界上其他国家，比如英国、以色列、中国、印度等。

考虑到调查问题的敏感性，我们决定将调查目标缩小至创业公司的高层管理人员（如 CEO、CFO 等），希望一位高管参与调查就能了解整个公司的情况。我们很快发现在高管薪酬水平的问题上，他们知道的并不比我们多。比如，许多创始人兼 CEO 都面临这样一个问题，即担心付给合伙人的工资和股份过多，而留给自己的过少。摸清业界的高管薪酬水平正是我们的调查目标之一。

为了鼓励大家参与调查，我们决定用我们的调查结果作为交换条件。参与调查者只要完成调查问卷，都将免费收到我们的最终调查结果，其中就包括高管薪酬水平的报告。报告汇总统计了不同行业、不同区域、不同职位的高管薪酬水平，可以作为创业公司薪酬管理的参考。这一招很有效。

过去 10 年，我们每年都制作一份薪酬报告（也就是现在大家熟知的 Ernst & Young 薪酬报告或哈佛商学院薪酬报告）。我们的报告已经成为业界的标杆，并且频繁被各类学术论文引用。

最初参与调查的公司主要来自公开的科技企业名单，以及我参与的一些专业机构服务的科技公司。从 2004 年开始，我们联系了一些投资人，请他们将调查问卷转发给他们投资的公司。同时，我们还与一些知名博客联系，在博客上邀请读者和订阅者参与调查。问卷回收率从最初的寥寥无几逐步上升到 20%。考虑到调查的敏感性，我对这个结果已经相当满意。

受试者特征

2000 年和 2001 年的调查对象主要是 IT 创业公司，我们分别收到了 211 份和 178 份有效调查问卷。2002 年，为了比较不同行业的情况，我们将生物技术创业公司也纳入调研范围，收到了来自 168 家生物技术公司的调查问卷。此后，有效调查问卷逐年增加。2009 年 IT 公司的有效调查问卷为 489 份，生物技术公司的有效调查问卷为 214 份。

10 年间，我们共收到 3600 多份调查问卷（68%来自 IT 公司，32%来自生物技术公司），约 9900 位创业者和 19000 多位管理者接受了调查。这些受试者的具体特征如下。

地理分布 受试者大多来自创业活动密集的地区。32%的受试者来自加利福尼亚州，22%来自新英格兰，19%来自美国东海岸，15%来自美国西部，11%来自美国南部。

财务状况 最早的受试者大多来自获得了风险投资的公司。此后，没有获得风险投资的公司越来越多，从最初的2%长升到11%（IT公司占12%，生物技术公司占9%）。在这10年调查的所有公司里，7%的公司从未融资，18%的公司有过一轮融资，28%的公司有过两轮融资，23%有过三轮融资，12%有过四轮融资，另12%有五轮或五轮以上融资。

员工人数 被调查公司的全职员工人数平均为28人。在IT行业，34%的公司有1~20位全职员工，28%的公司有21~40位全职员工，20%的公司有41~75位全职员工，18%的公司有超过75位全职员工。生物技术创业公司人数相对较少，超过50%的公司只有1~20位全职员工。

成立年限 被调查公司的成立年限平均为6.8年，标准差为4.4年。有84%的公司是在1996年至2006年间成立的。

下面就是我设计的调查问卷的主要内容。

调查问卷

受篇幅所限,这里只列出调查问卷中的要点问题。

针对公司

- 成立时间
- 所属行业,地点
- 最初产品或服务开发完成时间(或预计时间)
- 营收情况,员工人数
- 平均每月的开销,可用现金
- 股权结构表
  - 员工、离职员工
  - 天使投资人、风险投资公司
  - 期权池
  - 其他股份
- 前后有多少位 CEO
- 当前 CEO 的主要职责

针对创始人

- 创始人经验
    - 此前是否创办过公司
    - 创办这家公司前的工作年限
    - 此前是否有管理经验
- 谁提出的创业点子
- 最初在公司的职位
- 创始人是否全职创业
- 提供了多少启动资金
- 首次划分股份时拿到了多少股份

针对创业团队

- 正式开始创业前,是否有人在项目上做过前期准备,花了多长时间?
- 创业前的关系
    - 有多少人以前是同事?
    - 有多少人以前一起创业过?

- 有多少人以前是朋友,但不是同事?
- 有多少人是亲戚关系?
■ 股份分配
  - 最早划分股份的时间
  - 花了多长时间决定如何分配?
  - 划分是正式的,还是非正式的?
  - 如果有人离开公司,是否要求他放弃股份?

针对每轮融资

■ 完成融资的日期

■ 融资前估值多少?

■ 总股本为多少?

■ 有哪些投资方?(创始人、天使投资、风险投资等)

■ 有几家风险投资公司参与本轮投资?

■ 是否签订了优先清算权,具体条款是什么?

针对公司管理层

- 工作经验
    - 来公司前工作经验
    - 学历
    - 以前是否担任过相关管理工作？
- 加入公司日期
- 加入公司途径
- 是否创业合伙人
- 性别
- 薪酬状况
    - 去年和今年的年薪是多少？
    - 去年和今年的奖金是多少？
    - 今年的奖金兑现了多少（比例）？
- 持有股份
    - 目前持有公司的股份比例

- 入职时持有公司的股份比例
- 是否拥有期权？
- 行权条件

■ 如果管理者离职，是否会收到遣散费，金额是多少？

针对董事会成员

■ 背景

- 是否是创业团队成员，职位是什么？
- 天使投资人、风险投资人、来自第三方机构

■ 回报

- 持有公司股份（包括股票和期权）
- 每年的股份奖励是多少？
- 每年的现金分红是多少？

针对更换过 CEO 的公司

■ 决定替换创始人兼 CEO 的日期

■ 创始人兼 CEO 被替换后，是否继续留在公司工作？

- 继续留在公司从事什么工作?
- 创始人兼 CEO 被替换后,是否继续留在董事会?
  - 继续留在董事会,担任什么职位?
- 第一位继任 CEO 的背景
  - 此前工作经验和年限
  - 担任过哪些工作
- 如果第一位继任 CEO 又被替换,他在这个职位上工作了多久?
- 替换 CEO 的原因
- 替换 CEO 时公司的业绩情况
  - 此前半年公司的销售情况
  - 此后一年公司的销售情况

附录 D
主要调研对象
Summary of Startup and People

这里的两张表（表 D.1 和表 D.2）汇总了我的重点调查对象及其公司的相关信息。

表 D.1 被调查公司信息

公司	创办时间	创始人	合伙人	创业团队此前关系
38 Studios	2006 年	Curt Schilling	无	无
Blogger	1999 年	Evan Williams	Meg Hourihan	情侣
Circles	1997 年	Janet Kraus	Kathy Sherbrooke	MBA 同学
ConneXus	1996 年	Humphrey Chen	George Searle	MBA 同学

公司	创办时间	创始人	合伙人	创业团队此前关系
Digital Knowledge Assets	1995年	Dick Costolo	Eric Lunt	同事
FeedBurner	2003年	Dick Costolo	Eric Lunt, Matt Shobe, Steve Olechowski	创业伙伴
Kendle International	1981年	Candace Kendle	Christopher Bergen	情侣
L90	1997年	Frank Addante	John Bohan	有过业务往来
Lynx Solutions	1998年	James Milmo	Doug Curtis, Javier Pascal	熟人、朋友
Masergy	2000年	Barry Nalls	无	无
Megaserver	1996年	Les Trachtman, Les的父亲 Les的儿子	Les的母亲	家属
Nike	1964年	Phil Knight	Bill Bowerman	师徒
Ockham Technologies	1999年	Jim Triadiflou	Mike Meisenheimer, Ken Burows	同事
Odeo	2004年	Evan Williams	Noah Glass	熟人
Pandora Radio	2000年	Tim Westergren	Jon Kraft, Will Glaser	熟人、陌生人

公司	创办时间	创始人	合伙人	创业团队此前关系
Proteus Biomedical	2001 年	Andrew Thompson	George Savage、Mark Zdeblick	MBA 同学、熟人
ReaXions	1997 年	Frank Addante	Cary	朋友、同学
Rubbish Boys	1989 年	Brian Scudamore	John	朋友
Segway	1999 年	Dean Kamen	无	无
Sittercity	2001 年	Genevieve Thiers	无	无
Smartix	1999 年	Vivek Khuller	Kirill Dmitriev、Saurabh Mittal	MBA 同学、同事
Spyonit	1998 年	Dick Costolo	Eric Lunt、Matt Shobe、Steve Olechowski	创业伙伴
StrongMail	2002 年	Frank Addante	Tim McQuillen	同事
UpDown	2007 年	Michael Reich	Georg Ludviksson、Phuc Truong	MBA 同学、陌生人
Wily Technology	1998 年	Lew Cirne	无	无
Zipcar	2000 年	Robin Chase	Antje Danielson	朋友
Zondigo	2000 年	Frank Addante	无	无

表 D.2 调查对象信息

人名	公司	担任职务	学历	工作经验
Andrew Thompson	Proteus Biomedical	创业合伙人、CEO	教育学本科、MBA	创业者
Antje Danielson	Zipcar	创业合伙人	地球化学博士	哈佛大学能源策略研究员
Barry Nalls	Masergy	创始人、CEO	MBA	销售主管
Bill Bowerman	Nike	副总裁、产品开发主管	大学本科	田径教练
Candace Kendle	Kendle International	创始人、CEO	药学博士	医学院管理人员
Christopher Bergen	Kendle International	创业合伙人、COO	MBA	费城儿童医院副院长
David Strohm	Wily Technology	投资人	MBA	N/A
Dean Kamen	Segway	创始人	高中	医药产品发明人、创业者
Dick Costolo	DKA	创始人、CTO	计算机本科	IT 经理、单口相声演员
	Spyonit	创始人、CEO		
	FeedBurner	创始人、CEO		
Doug Curtis	Lynx Solutions	创业合伙人、CEO	N/A	N/A
Eric Lunt	DKA	产品开发副主管	机械工程本科	程序员

附录 D　主要调研对象 | 321

人名	公司	担任职务	学历	工作经验
Frank Addante	Spyonit	CTO	高中、自学编程	网络安装
	FeedBurner	CTO		
	ReaXions	创始人、CTO		
	L90	创始人、CTO		
	Zondigo	创始人、CEO		
	StrongMail	创始人、CEO		
Genevieve Thiers	Sittercity	创始人、CEO	英文研究生	歌剧演员
Georg Ludviksson	UpDown	CEO	MBA	程序员、创业者
George Savage	Proteus Biomedical	创业合伙人、首席医药专家	生物工程研究生、MBA	创业者
Humphrey Chen	ConneXus	创业合伙人、产品开发主管	MBA	5 年 IT 行业从业经验
Janet Kraus	Circles	创业合伙人、CEO	MBA	市场营销主管
James Milmo	Lynx Solutions	创始人	管理学本科	创业者
Javier Pascal	Lynx Solutions	创始人、CTO	本科	工程师
Jon Kraft	Pandora Radio	CEO	N/A	曾创办数据库公司
Kathy Sherbrooke	Circles	创业合伙人、COO	MBA	N/A

人名	公司	担任职务	学历	工作经验
Ken Burows	Ockham Technologies	COO	MBA	系统集成顾问
Lew Cirne	Wily Technology	创始人、CEO	计算机本科	苹果公司资深工程师
Mark Zdeblick	Proteus Biomedical	创业合伙人、CTO	航空航天博士	专利发明人
Matt Shobe	Spyonit / FeedBurner	产品设计	研究生	用户体验设计师
Meg Hourihan	Blogger	创业合伙人	英文本科	IT顾问
Mike Meisenheimer	Ockham Technologies	产品主管	市场营销学研究生	市场营销顾问
Noah Glass	Odeo	创业合伙人、CEO	N/A	音频工程师
Phil Knight	Nike	创始人	MBA	田径运动员
Phuc Truong	UpDown	产品负责人	经济学本科	IT顾问
Reich Michael	UpDown	创始人、CEO	MBA	创业者
Richard Williams	Wily Technology	继任CEO	数学本科	职业经理人
Robin Chase	Zipcar	创始人、CEO	MBA	保健顾问、健康杂志编辑
Saurabh Mittal	Smartix	创业合伙人	MBA	投行实习生

人名	公司	担任职务	学历	工作经验
Steve Olechowski	Spyonit	程序员	N/A	程序员
	FeedBurner	COO		
Tim McQuillen	StrongMail	创业合伙人	心理学本科	业务合伙人
Tim Westergren	Pandora Radio	创始人	政治学本科	作曲家、乐队成员
Vivek Khuller	Smartix	创始人、CEO	MBA	IT 经理
Will Glaser	Pandora Radio	CTO	计算机本科	IT 顾问、业余音乐演奏

翻译审校名单

章节	译者	审校
第 1 章	张烨	李莉
第 2 章	张烨	张芳云
第 3 章	胡毅鹏	张烨
第 4 章	胡毅鹏	张烨
第 5 章	胡毅鹏	张烨
第 6 章	张洁	胡毅鹏
第 7 章	张洁	胡毅鹏
第 8 章	张洁	胡毅鹏
第 9 章	张惠英	张洁
第 10 章	张惠英	张洁
第 11 章	徐家祜	张芳云
附录	徐家祜	王力